Das EQ-Testbuch

Siegfried Brockert · Gabriele Braun

Das EQ-Testbuch

Wie groß ist Ihre emotionale Intelligenz?

Seehamer Verlag

Genehmigte Lizenzausgabe 1998 für
Seehamer Verlag GmbH, Weyarn

Titelgestaltung: Bine Cordes, Weyarn
Konzeption und Realisation: Livingston Media, Hamburg
Printed in Austria
ISBN 3-932131-47-9

Inhalt

Vorwort

Ein Testbuch, ein Übungsbuch und ein Buch zur Unterhaltung

In diesem Buch finden Sie 52 Tests zum wichtigen Thema *Emotionale Intelligenz.*

- Warum dies ein wichtiges Thema ist, steht im gleich folgenden Kapitel 1.
- Kapitel 2 zeigt, was Intelligenz mit Emotionen (also mit Gefühlen) zu tun hat:
  Sehr viel mehr als die psychologische, neurologische und humanbiologische Forschung bis vor kurzem geglaubt hat. Und wir alle müssen hier umlernen:
  Wir müssen den uns vertrauten Gedanken aufgeben, daß es auf der einen Seite eine Welt der Gefühle gibt und auf der anderen Seite eine Welt des Verstandes und daß beide Welten klar voneinander getrennt sind. Das Gegenteil ist richtig: Verstand und Gefühl gehören eng zusammen.
- Kapitel 3 gibt eine Erklärung, was genau *Emotionale Intelligenz* ist.

Der Test- und Übungsteil gliedert sich – entsprechend der Definition von *Emotionaler Intelligenz* (siehe Kapitel 3) – in fünf Bereiche:

1. Test zum besseren Selbst-Bewußtsein
2. Test zum besseren Selbst-Management der eigenen Emotionen
3. Test zur besseren Selbst-Motivation
4. Test zur »Empathie«, also: zur besseren Einfühlung in andere Menschen (die genaue Erklärung, was »Empathie« ist, finden Sie in Kapitel 3)
5. Test zum besseren Engagement unter Menschen, zum besseren Umgang mit Menschen.

Diese Tests können Sie allein durchführen. Sie geben Hinweise auf Stärken und Schwächen in den eben aufgezählten fünf Bereichen der *Emotionaler Intelligenz*.

Am besten: Sie machen die Tests zusammen mit anderen Menschen

Sinnvoller aber ist es, wenn Sie nicht sich selbst, sondern einen anderen Menschen testen und sich selbst von diesem Menschen testen lassen. *Emotionale Intelligenz* hat ja, wie Sie aus den fünf eben aufgezählten Bereichen bereits sehen,

- etwas mit dem Umgang mit anderen Menschen zu tun. Da liegt es nahe, einen anderen Menschen mit einzubeziehen. Und
- *Emotionale Intelligenz* hat ebenfalls etwas mit Selbsterkenntnis zu tun. Hier ist es beinahe noch wichtiger, andere Menschen mit einzubeziehen, denn nirgendwo kann man sich leichter täuschen als bei der Einschätzung seiner selbst.

Am besten also: Sie machen einen der Tests und lesen die Fragen dann einem vertrauten Menschen vor, mit der Bitte: »Sag doch mal, wie du mich einschätzt.«

Sie können danach dann gemeinsam über das Ergebnis und die Abweichungen bei Ihren Test-Antworten sprechen. Es gibt 52 Tests (für jede Woche des Jahres einen), und das gibt Ihnen vielleicht für ein Jahr Anregungen für eine gute Unterhaltung über Themen, die mit einem vertrauen Menschen vielleicht schon lange einmal hätten besprochen werden können.

Bei Tests der *Emotionalen Intelligenz* kann man sich nicht blamieren

Viele Menschen haben Scheu vor Intelligenztests. Intelligenz kann man definieren als *die Fähigkeit, den Anforderungen, die die Welt an uns stellt, bestmöglich zu entsprechen.* Und so mancher hat die Sorge, daß man bei solch einem Intelligenztest weniger klug erscheint, als man geglaubt hat zu sein. Bei der *Emotionalen Intelligenz* ist solch eine Sorge jedoch völlig unbegründet.

Intelligenz ist ja zuallererst einmal eine Fähigkeit zur Informations-Verarbeitung. Was an Problemen auf uns eindringt, muß verarbeitet werden. Intelligenz – so glaubt man deshalb – ist etwas für Denker, Knobler und Grübler, für lebens- und praxisferne Bewohner von Gelehrtenzimmern und Elfenbeintürmen. Das trifft auf die herkömmlichen Vorstellungen von Intelligenz auch zu. Nicht aber auf *Emotionale Intelligenz.*

Emotionale Intelligenz ist alles andere als ein intellektueller Hochleistungssport. Bei der *Emotionalen Intelligenz* geht es um die Verarbeitung von Informationen, die tagtäglich im Alltag anfallen und die

- schnell
- spontan und
- ohne langes, praxisfernes Grübeln

verarbeitet werden müssen.

Es geht – so der vielleicht bedeutendste Intelligenz-Forscher unserer Zeit, der Harvard-Psychologe Prof. Howard Gardner – um die Verarbeitung von Informationen aus zwei Bereichen, die von der klassischen Intelligenzforschung übersehen worden sind:
intra-personelle Information und
inter-personelle Information.

Das heißt: Information, die in uns selbst (*intra*) entsteht, und Information, die beim Umgang mit Menschen (*inter*) anfällt.

Hier gibt es zwar intelligente und weniger intelligente Wege, mit dieser Information umzugehen, **aber**:

- wie intelligent wir uns dabei anstellen, hängt weitgehend von unseren biologischen Prägungen und von den Prägungen in der frühen Kindheit ab.

In übertriebener Weise vereinfacht gesagt: Wir verhalten uns sehr oft wie ein »Urmensch« oder wie ein Kleinkind, indem wir Impulsen nachgeben. Hier hilft der Einsatz von mehr *Emotionaler Intelligenz*. Und *Emotionale Intelligenz* ist trainierbar: tagtäglich. Im Umgang mit den Menschen, mit denen wir leben.

In diesem Sinne wünschen die Autoren Ihnen mit diesem Buch gute Unterhaltung und gute Unterhaltungen bei jenen Themen, die Ihr Leben bereichern können, und mit den Menschen, die Ihr Leben bereichern können.

Teil I
Einführung

Kapitel 1

Alle reden vom EQ. Keiner weiß, was das ist

Der EQ ist wichtiger als der IQ.
Auf diese knappe Formel lassen sich die 424 Seiten des Buches *Emotionale Intelligenz* bringen, das der amerikanische Psychologe und Wissenschaftsjournalist Dr. Daniel Goleman geschrieben hat.
Das Buch mit dem Titel »*Emotionale Intelligenz*« ist innerhalb weniger Monate zu einem Weltbestseller geworden. Ganz offensichtlicht hat Goleman also ein wichtiges Thema angeschnitten. Vielleicht hat er sogar einen Lebensnerv unserer heutigen Zeit und unserer heutigen Gesellschaft getroffen, denn die positiven Folgen der Entwicklung von mehr *Emotionaler Intelligenz* können kaum überschätzt werden. Zum Beispiel:

- Für den Erfolg im Leben ist *Emotionale Intelligenz* wichtiger als das, was wir an Schulen und Universitäten lernen.
- Die Wirtschaft braucht keine IQ-Genies, sondern Menschen mit *Emotionaler Intelligenz.*
- Das Zusammenleben der Menschen in der Familie (siehe Kasten) und in der Gesellschaft kann durch die Entwicklung der *Emotionalen Intelligenz* wesentlich verbessert werden. Scheidungen und die meisten Gewalttaten könnten durch *Emotionale Intelligenz* vermieden werden.

EQ – wichtig für den Schulerfolg
Daß es Kindern wenig nutzt, wenn mit ihnen bereits vor Schuleintritt Schulstoff eingeübt wird, ist den meisten Eltern nicht klar. Denn nicht so sehr die Intelligenz entscheidet über den Schul- und den Lebenserfolg, nicht der IQ, sondern der EQ.
Das prägnante Wortspiel des Bestsellerautors Dr. Daniel Goleman verschwimmt aber rasch, wenn es in praktisches Erziehungsverhal-

ten umgesetzt werden soll. Die Zeitschrift CHILD (3/1996) hat ausbuchstabiert, wie Kinder sozial-emotional auf die Schule eingestimmt werden können:

- Kinder sollten selbstsicher und interessiert sein.
- Kinder sollten wissen, welches Verhalten in der Schule erwartet wird und wie weit sie Impulsen, sich auszuagieren, in der Schule nachgeben können.
- Kinder sollten warten, um Hilfe bitten und Anweisungen folgen können.
- Kinder sollten eigene Bedürfnisse zeigen und sie zugleich mit den Bedürfnissen der anderen Kinder in Einklang bringen.

Schulerfolg kann aufgrund von emotionalen Tests und Test der sozialen Integration besser vorhergesagt werden als durch Intelligenztests. Sogar das emotionale Klima in der Familie scheint nach Untersuchungen des Eheforschers Prof. John Gottman (University of Washington) von größerer Bedeutung zu sein als der IQ von Kindern. Kinder aus Familien, in denen die Eltern wenig miteinander streiten, sind bei ihren Mitschülern beliebter, werden von ihren Lehrern besser akzeptiert und respektiert, haben weniger Verhaltensprobleme, und Ihnen fällt auch das Lernen leichter.

Bei diesen hohen Erwartungen ist es verständlich, daß die Erforscher der *Emotionalen Intelligenz* heftige Kritik am heutigen Bildungssystem üben (wohlgemerkt: nicht an den Lehrern, sondern an den Kreisen, die bestimmen, welche Lerninhalte an die junge Generation weitervermittelt werden). An den Schulen wird viel Kapital vergeudet, sagen sie und fordern:
Eltern und Lehrer sollten aufhören, Kinder mit Schulstoff vollzustopfen. Wichtiger als Schulintelligenz nämlich ist die *Emotionale Intelligenz*. Beweis: Es gibt Menschen mit einem extrem hohen Intelligenzquotienten (IQ) von 160, sie sind mehr als 99 Prozent der Menschheit geistig überlegen, sie müssen ihr Geld aber gleichwohl bei Arbeitgebern verdienen, die nur einen durchschnittlichen IQ von 100 haben. Warum? Weil den IQ-Genies *Emotionale Intelligenz* fehlt.
Das also ist die Botschaft:

- Die Art von Intelligenz, die von der Schule und auch von den weiterführenden Bildungseinrichtungen gefördert wird, ist keine Garantie für Erfolg.
- Nicht der IQ, sondern der EQ ist der Garant für ein erfolgreiches Leben.
- Nicht der Intelligenztest zeigt, ob Kinder es im Leben einmal weit bringen können, sondern das zeigen Tests der *Emotionalen Intelligenz*.
- Und sogar für den schulischen Erfolg ist die *Emotionale Intelligenz*, ist der EQ wichtiger als der IQ (siehe Kasten auf Seite 12).

Was aber ist *Emotionale Intelligenz*?
Das soll im nächsten Kapitel erklärt werden.

Kapitel 2

Emotionale Intelligenz: Nur wer versteht, was das heißt, kann davon profitieren

In 10 Gedankenschritten soll erklärt werden, was wir uns unter *Emotionaler Intelligenz* vorstellen müssen, um davon profitieren zu können.

1. Was ist Intelligenz?
Der erste moderne Intelligenztest ist im Jahr 1905, vor mehr als 90 Jahren also, entwickelt worden. Dennoch hat die Psychologie sich bisher nicht auf eine einheitliche Definition von Intelligenz einigen können. Für alle praktischen Zwecke aber reicht es zu sagen: *Intelligenz ist die Fähigkeit, den Anforderungen, die die Welt an uns stellt, bestmöglich zu entsprechen.*

2. Intelligenztests dienen traditionell weniger der Begabtenauslese als vielmehr der »Dummenauslese«
Wer von IQ, von Intelligenz und Intelligenztests spricht, denkt meist an hohe Intelligenz, an geniale Menschen. Intelligenztests wurden aber nicht entwickelt, um geniale Menschen frühzeitig zu erkennen, sondern um diejenigen herauszufiltern, die intellektuelle Mängel haben. Ein bißchen davon hängt der Intelligenz-Testerei auch heute noch an.
Den ersten Auftrag, einen Test der Intelligenz zu entwickeln, hat Anfang unseres Jahrhunderts der Franzose Alfred Binet vom französischen Unterrichtsministerium erhalten. Er sollte einen Weg finden, jene Schüler möglichst früh zu erkennen, die den Anforderungen der Regelschule nicht entsprechen könnten – damit diese Schüler besondere Förderungen erhielten, statt in der Regelschule dauer-überfordert zu werden. Binet entwickelte dann entsprechende Testaufgaben, und seither wird Intelligenz

definiert als »kommt in der Schule mehr oder weniger gut mit«. Schule ist aber nicht dasselbe wie Leben.
Den zweiten großen Durchbruch schafften die Intelligenztests, als die USA in den Ersten Weltkrieg eintraten. Die USA sind ja ein Einwandererland. Viele US-Bürger beherrschten die englische Sprache nur mäßig. Für das Aufstellen einer Armee mußte nun ein Verfahren gesucht werden, das schnell und kostengünstig erfaßt, ob ein Rekrut in der Lage ist, militärische Anweisungen zu befolgen. Wieder also ging es um die Auslese der Minderbegabten.

3. Intelligenz wird immer noch weitgehend mit Schulerfolg gleichgesetzt

Alfred Binet suchte Aufgaben heraus, die von dem Durchschnitt der Schüler einer Klassenstufe gelöst werden konnten. Beispiel: vom Durchschnitt der Schüler der 3. Klasse.
Wenn diese Schüler mit 6 Jahren eingeschult worden sind, sind sie in der 3. Klasse also 8 Jahre alt. Wer die Aufgaben löste, von dem sagte Binet: Sie oder er »hat ein Intelligenzalter von 8 Jahren.«
Binet fand: Bei manchen Schülern deckt sich das Intelligenzalter mit dem Lebensalter. Bei manchen Schülern ist das Intelligenzalter höher als das Lebensalter – das sind die Klugen. Und manche können den geistigen Anforderungen an Drittkläßler – zum Beispiel – nicht mit 8, sondern erst mit 10 Jahren entsprechen. Ihr Intelligenzalter liegt unter ihrem Lebensalter.

4. Der IQ bedeutet: Intelligenzalter geteilt durch Lebensalter

Der deutsche Psychologe Prof. William Stern (übrigens war er der Vater des Schriftstellers Günther Anders) hat das von Binet entwickelte Maß der Intelligenz auf eine einfache Formel gebracht. Stern gilt als der »Erfinder« des IQ, des Intelligenzquotienten.
Ein Quotient ist ein Bruch, wie wir ihn aus der Bruchrechnung kennen. Beispiel: »8 geteilt durch 10«. Das wird geschrieben als »$^{8}/_{10}$« oder als »0,8«. Der Schüler aus dem eben erwähnten Bei-

spiel mit dem Intelligenzalter von 8 Jahren und dem Lebensalter von 10 Jahren hätte also ein »Intelligenzmaß« von 0,8.
Ein Schüler, der als 8jähriger den Stoff seiner Altersgruppe durchschnittlich beherrscht, hätte einen Intelligenzwert von 1,0 (Intelligenzalter geteilt durch Lebensalter, also: 8 geteilt durch 8 = 1,0).
Und ein Schüler, der als 8jähriger den Stoff der durchschnittlich 10jährigen beherrscht, hätte einen Intelligenzwert von 10 geteilt durch 8 = 1,25.

Was bedeutet der IQ?

Höhe des im Intelligenztest erreichten IQ	So viele Prozent der Bevölkerung haben einen IQ in dieser Höhe	Ein IQ in dieser Höhe bedeutet
69 und darunter	2,2 %	schwachsinnig 97,8 % haben höheren IQ
70 bis 79	6,7 %	Grenzbereich 91,1 % haben höheren IQ
80 bis 89	16,1 %	unterer Durchschnitt 75 % haben höheren IQ
90 bis 109	50 %	Durchschnittsbereich 25 % haben höheren IQ
110 bis 119	16,1 %	hoher Durchschnitt 8,9 % haben höheren IQ
120 bis 129	6,7 %	herausragend 2,2 % haben höheren IQ
130 und darüber	2,2 %	genial

Da Brüche, auch wenn sie als Dezimalbruch geschrieben werden, irgendwie unhandlich sind, hat Prof. Stern vorgeschlagen, das Intelligenzmaß – also den Quotienten aus Lebensalter und Intelligenzalter – mit 100 zu multiplizieren. Der Intelligenzquotient wurde also definiert als »Intelligenzalter geteilt durch Lebensalter malgenommen mit 100«. Es hätte in unserem Beispiel

- der erste Schüler einen IQ von 80
- der zweite Schüler einen IQ von 100
- der dritte Schüler einen IQ von 125.

Inzwischen wird der IQ auf mathematisch anspruchsvollere Weise bestimmt. Das Grundmuster ist aber geblieben: Der durchschnittliche IQ liegt bei 100. Wer einen IQ von weniger als 80 hat, liegt im Grenzbereich der Schüler, die an der Schule noch einigermaßen mitkommen. Wer einen IQ von 125 hat, liegt im oberen Intelligenzbereich (siehe Kasten auf Seite 17).

5. Einen »EQ« als Maß der *Emotionalen Intelligenz* gibt es noch nicht

Die Bedeutung der *Emotionalen Intelligenz* ist erst in jüngster Zeit durch Fortschritte in der Neuropsychologie erkannt worden. Von der Entwicklung eines wissenschaftlich brauchbaren EQ-Tests, der so einfach und kostengünstig eingesetzt werden kann, wie Alfred Binets Tests oder die Tests der US-Army im Ersten Weltkrieg, ist man heute noch weit entfernt.

Wenn heute so viel vom EQ geredet wird, ist dies erst einmal ein Wortspiel: eine Provokation für alle IQ-gläubigen Menschen.

Der Stand heute:

- Man hat erkannt, daß hier ein wichtiges Themenfeld vorliegt und muß sehen, ob es – ähnlich wie in den Frühstadien der klassischen Intelligenzforschung, ähnlich wie Alfred Binet – gelingt, »emotional minderbegabte Menschen« herauszufiltern und so vor sich selbst und die Gesellschaft vor ihnen zu schützen.

Bis dahin ist ein weiter Weg. Ob er gegangen wird, ob er gangbar ist, muß sich erst noch herausstellen. Sehr viel leichter möglich ist es, Tests zu finden, die einem Menschen helfen, seine *Emotionale Intelligenz* zu überprüfen, um zu sehen, wie er sich hier weiterentwickeln kann. Dazu sollen die Tests in diesem Buch dienen. *Der EQ in den Tests in diesem Buch soll Ihnen also Anregungen geben, auf welchen Gebieten Sie etwas für die Entwicklung der* Emotionalen Intelligenz *tun können.*

6. Wir haben zwei Arten von Intelligenz

Intelligenz hatten wir allgemein definiert als *die Fähigkeit, den Anforderungen, die die Welt an uns stellt, bestmöglich zu entsprechen.* Die Anforderungen, die die Welt an uns stellt, sind aber so unterschiedlich, daß wir nicht eine, sondern zwei Arten von Intelligenz dafür brauchen:

- Die erste Art der Intelligenz kennen wir aus Schule und Wissenschaft. Dazu fallen uns Worte ein wie *nachdenken, grübeln, prüfen, überprüfen, alle Fakten sammeln, Sinn erkennen, nach Logik entscheiden*. Der Einsatz dieser ersten Art der Intelligenz braucht Zeit und Ruhe.

Genau das aber, Zeit und Ruhe, haben wir längst nicht bei *allen* Anforderungen, die die Welt an uns stellt. Und die 50 000 Generationen vor uns in jenen vielleicht 1 Million Jahren, in denen sich der menschliche Geist in seiner heutigen Form entwickelt hat, hatten noch weniger Zeit und Ruhe für den Einsatz ihrer Intelligenz als wir heute für die unsere. Wenn ein Höhlenmensch im Augenwinkel einen Schatten erkannte, mußte er innerhalb von Tausendstelsekunden entscheiden: Gibt es hier Beute? Oder bin ich Beute?

Um diesen geistigen Anforderungen zu entsprechen, hat die Natur uns mit einer zweiten Art der Intelligenz ausgerüstet, für die sich jetzt der Ausdruck *Emotionale Intelligenz* durchzusetzen beginnt. Diese Intelligenz ist geprägt durch

- blitzschnelle Entscheidungen
- und deshalb auch: durch ungenaue Entscheidungen, die uns selbst aber
- als absolut richtig erscheinen.

Als Beispiel möge noch einmal der Höhlenmensch dienen. Wer zu lange darüber nachdenkt, ob er Beute findet oder selbst von einem Räuber bedroht ist, setzt sein Leben aufs Spiel. Deshalb ist es oft intelligenter, schnell eine falsche Entscheidung zu treffen als lange über die richtige Entscheidung nachzugrübeln.

7. Intellektuell verhalten wir uns heute häufig noch wie Höhlenmenschen

Ähnlich wie die Höhlenmenschen prüfen wir auch heute noch ständig und unbewußt,

- ob der Ort, an dem wir uns aufhalten, bedrohlich ist oder nicht.
- ob die Menschen um uns herum freundlich oder bedrohlich sind.
- wir beurteilen Menschen nach dem ersten Eindruck und
- wir treffen oft Entscheidungen, ohne alle Fakten erforscht oder alle Konsequenzen bedacht zu haben.

Auch für uns heute gilt:

- »schnell« ist oft intelligenter als »hundertprozentig richtig«.

Und wir fühlen uns sicher in unseren Entscheidungen, obwohl Nachdenken uns etwas anderes sagen könnte, obwohl wir wissen, daß uns noch Fakten für ein Urteil fehlen.
Wir brauchen dies für unseren Lebenserfolg – am Arbeitsplatz zum Beispiel. Auch hier fehlen uns meist Fakten, die wir für ein Urteil brauchen. Ist der Kunde, der ins Geschäft kommt, kaufwillig, oder möchte er sich nur die Zeit vertreiben (und meine wertvolle Zeit stehlen)? Soll ich heute ein Auto kaufen, oder gibt es morgen schon ein besseres für weniger Geld?
Dasselbe gilt auch im restlichen Alltag: Fährt der Autofahrer hinter mir so dicht auf, daß es gleich einen Unfall gibt? Soll ich den Menschen, mit dem ich zusammenlebe, heiraten?
Oft treffen wir dann Entscheidungen, die uns in der konkreten Situation völlig richtig erscheinen. Im nachhinein aber sagen wir uns nur zu oft: »Wie konnte ich nur?« Wie konnte ich nur

- bis zehn vor zwölf Diät halten und dann in zehn Minuten den Kühlschrank leerräumen?
- meinem Chef widersprechen?
- im Gespräch mit meinem Lebenspartner so aggressiv werden ...?

Hier ist der Einsatzort für mehr *Emotionale Intelligenz*.

8. »Wenn und Aber« oder »Hier und Jetzt«?

In Punkt 6. haben wir einige Begriffe genannt, die mit der IQ-Intelligenz zusammenhängen. Den Unterschied zur EQ-Intelligenz zeigt – besser als alle Erklärungen und Definitionen – eine Gegenüberstellung von Begriffen:

IQ-Intelligenz	**EQ-Intelligenz**
Nachdenken, Grübeln	assoziieren
alle Fakten sammeln	neue Ideen finden
Sinn erkennen	Sinn stiften
nach Logik entscheiden	entscheiden nach Versuch und Irrtum
Zeit und Ruhe	Tempo, Ungeduld
vom Kopf her	aus dem Bauch heraus
harte Fakten	weiche Information
analytisch	ganzheitlich
vom Verstand geleitet	nach Gefühl
»links-hemisphärisch«*	»rechts-hemisphärisch«*
»Wenn und Aber«	»Hier und Jetzt«
abwägen	spontan entscheiden
denken	empfinden
prüfen, überprüfen	an die Richtigkeit der eigenen Entscheidungen glauben
Worte und Zahlen	Menschen und Situationen
Vergangenheit verstehen	in die Zukunft hineinwirken
Logik	Psycho-Logik
kalt, klar	warm, verschwommen
distanziert	eingebunden
egozentrisch	gruppenorientiert
isoliert	verbunden
männlich**	weiblich**
Verstand	Gefühl
Bildung	Herzensbildung

---

* die beiden Begriffe stehen in Anführungszeichen, weil die Vorgänge im Gehirn sehr viel differenzierter sind, als die Einteilung in eine linke

Diese Liste zeigt, daß sich *Emotionale Intelligenz* und IQ-Intelligenz ergänzen. Wenn gilt: *Intelligenz ist die Fähigkeit, den Anforderungen, die die Welt an uns stellt, bestmöglich zu entsprechen*, sehen wir, daß beide wichtig sind, um den Anforderungen, die die Welt an uns stellt, bestmöglich zu entsprechen. **Aber: nur die IQ-Intelligenz wird in der Schule gefördert.**

9. Was sind Emotionen?

Das Wort »Emotion« kommt vom Lateinischen »movere« (= bewegen) und der Vorsilbe »ex« (das »x« ist von den Lateinern aus sprachlicher Eleganz weggelassen worden, »emovere« spricht sich geläufiger als »exmovere«). Die Vorsilbe »e« oder »ex« bedeutet: »heraus«.

Das Wort »Emotion« wird oft gleichbedeutend mit »Gefühl« gebraucht. Es gibt eine, wie es erscheinen mag, unendliche Zahl von Gefühlen: Freude, Zuneigung, Haß, Zufriedenheit, Scham, Besorgnis, Enttäuschung, Panik, Wut ...

Psychologie, Neuropsychologie, Psychiatrie und Soziobiologie – das sind die vier Felder, auf denen über *Emotionale Intelligenz* geforscht wird – vermuten aber, daß es nur einige wenige Grundgefühle gibt, aus denen sich die Vielfalt des Gefühlsspektrums ähnlich mischt wie die Vielfalt des Farbspektrums aus den Grundfarben Rot, Gelb und Blau. Daniel Goleman nennt zum Beispiel (in Anlehnung an den amerikanischen Emotionsforscher Prof. Paul Ekman) acht Grundgefühle.

Sie entsprechen weitgehend jenen Grundgefühlen, die der deut-

---

und eine rechte Gehirnhälfte mit jeweils eigener Spezialisierung vermuten läßt. Die populär gewordene Einteilung in links- und rechts-hemisphärisch lenkt zudem davon ab, daß nicht nur die Großhirnrinde, sondern viele, tiefere – stammesgeschichtlich ältere – Gehirnteile an unseren intellektuellen Leistungen beteiligt sind. Näheres darüber in dem Buch von Daniel Goleman *Emotionale Intelligenz*, Carl Hanser Verlag, 1996

** gemeint ist hier nicht das biologische Geschlecht, sondern sind die psychologischen Eigenschaften, die wir beiden Geschlechtern zuordnen.

sche Psychotherapeut Harlich H. Stavemann in seinem wertvollen Buch »Emotionale Turbulenzen«, Psychologie Verlags Union, 1995, nennt:

Grundgefühle nach Goleman	**Grundgefühle nach Stavemann**
Zorn	Ärger
Trauer	Trauer
Furcht	Angst
Glück	Freude
Liebe	Zuneigung
Überrascht sein	
Ekel	
Scham/Schuld	Deprimiertheit

Viele Gefühle lassen sich, wie gesagt, als Mischformen dieser Grundgefühle einordnen, Eifersucht etwa als Mischung von Zuneigung, Angst und Ärger. Goleman versteht unter »Emotion«

- *ein Gefühl*

mit den ihm eigenen

- *Gedanken*
- *psychologischen Zuständen*
- *biologischen Zuständen*
- *sowie Handlungsbereitschaften.*

Das *Gefühl* der Eifersucht wäre dementsprechend gepaart mit

- *Gedanken* (Beispiel: Wenn mein Partner fremdgeht, bricht meine Welt zusammen.)
- *psychologischen Zuständen* (Beispiel: Schlappheit, Mutlosigkeit)
- *biologischen Zuständen* (Beispiel: innere Erregung, Kreislaufstörungen, Nervosität)
- *sowie Handlungsbereitschaften* (Beispiel: Dem Partner, sich selbst oder einem Nebenbuhler etwas antun.)

10. *Emotionale Intelligenz* gegen emotionale Leiden

Die Vielfalt von Gefühlen und die *Gedanken, psychologischen Zustände, biologischen Zustände sowie Handlungsbereitschaften* bei jedem einzelnen Gefühl machen die Thematik so unendlich komplex. Gefühle lassen sich also nicht von Gedanken trennen. Mehr noch: Gefühle folgen einer Logik, die in sich schlüssig ist, auch wenn sie – rein vom Verstand her betrachtet – unlogisch ist, eine Psycho-Logik eben.

Was hier sehr komplex klingt, bedeutet eine große Chance: Die Logik der Gefühle wird heute entschlüsselt (davon handelt Stavemanns Buch), und der gesamte Bereich der psychischen Störungen kann über die Gedanken, die unsere Gefühle begleiten, therapeutisch angegangen werden. Dies geschieht in der sich heute herausschälenden besten Form der Psychotherapie, der kognitiven Verhaltenstherapie, die in wenigen Stunden zum Beispiel Menschen helfen kann, die ansonsten von Jahr zu Jahr von Arzt zu Arzt laufen. Damit wird der Bereich der psychischen Störungen ein Thema der *Emotionalen Intelligenz* – und psychische Störungen sind heute weiter verbreitet denn je (siehe Kasten auf Seite 25).

Noch komplizierter und vielfältiger wird dies alles noch durch die Wirkung von Stimmungen und Temperament. Gefühle können durch Stimmungen überlagert werden. Stimmungen halten meist sehr viel länger vor als Gefühle. Niemand kann den ganzen Tag wütend sein, aber viele können den ganzen Tag mürrisch sein.

Und Temperament kann man definieren als Disposition für das Auftreten bestimmter Gefühle und Stimmungen. Manche Menschen haben zum Beispiel eine Veranlagung zur Melancholie.

Die Komplexität der Dinge zeigt auf, wie groß die Herausforderungen sind, die sich der *Emotionalen Intelligenz* stellen.

Emotionale Mängel sind normal

Zwischen 12 und 16 Millionen Menschen in Deutschland (15 bis 20 Prozent der Bevölkerung) leiden nach Schätzungen von Gesundheitsfachleuten an Ängsten und Angststörungen, etwa 5,5 bis 8 Millionen leiden an Depressionen (7 bis 10 Prozent). Diese Zahlen nennt eine neues Buch, »Emotionale Turbulenzen«, des Hamburger Psychotherapeuten Harlich H. Stavemann.

Für Männer liegt das Risiko, irgendwann im Lauf des Lebens an depressiven oder Angststörungen zu erkranken, bei 20 Prozent, für Frauen bei 31 Prozent. Nimmt man alle psychischen Störungen zusammen, liegt unser Lebenszeit-Risiko einer psychischen Störung sogar bei 48 Prozent. Das heißt: Mit einer Wahrscheinlichkeit von etwa 1:2 wird jeder Mensch irgendwann einmal psychisch krank.

»Emotionale Turbulenzen« sind also zumindest im statistischen Sinne normale Erscheinungen. In solche »emotionalen Turbulenzen« geraten, so Stavemann, Menschen mit bestimmten Gedankenmustern. Beispiele dafür sind Lebenseinstellungen wie

- »Ich brauche die Liebe oder Anerkennung aller mir wichtigen Menschen.«
- »Für jedes Problem gibt es eine einzige absolut richtige, perfekte Lösung, und es bedeutet eine Katastrophe, wenn ich sie nicht finde.«
- »Es ist unerträglich, wenn Menschen oder Dinge nicht so sind, wie ich sie gerne hätte.«
- »Ich muß ständig wegen möglicher Gefahren besorgt sein.«
- »Ich brauche einen Stärkeren, auf den ich mich stützen kann.«
- »Ich kann am glücklichsten sein, wenn ich das Leben ohne Verpflichtungen verbringen kann.«

Das Streben nach Anerkennung, Perfektion und Sicherheit kann also genauso zu seelischen Turbulenzen und psychischen Störungen führen wie der Versuch, passiv und ohne Verantwortung zu leben.

Kapitel 3

Die 5 Aspekte der *Emotionalen Intelligenz*

Von *Emotionaler Intelligenz* werden wir bald ebenso selbstverständlich sprechen wie zum Beispiel von Kreativität – ein Begriff, der in seiner heutigen Bedeutung etwa um 1960 herum geprägt worden ist.

Die Parallele ist nicht zufällig.

Es war damals die Zeit, als die Sowjetunion den ersten Satelliten, den Sputnik, in den Weltraum geschossen und damit die USA aus ihrem Traum herausgerissen hat, die auf allen Gebieten führende und erfolgreichste Nation dieser Erde zu sein.

Der »Sputnik-Schock« führte in den USA dazu, daß man das Bildungssystem überprüfte. Festgestellt wurde dabei ein wesentlicher Mangel: Die Schulen legten zu viel Wert auf abfragbares Wissen und zu wenigWert auf »schöpferische Intelligenz«, eben auf Kreativität. Wie soll eine Wirtschaft innovativ sein, wenn der Nachwuchs vor allem aus Menschen besteht, die im Wesentlichen brav und bieder das »nachkauen«, was der Lehrer ihnen vorgibt? (Siehe Kasten)

Schul-Intelligenz und Ratten-Intelligenz

Unser Intelligenzbegriff ist viel zu stark eingeengt. Einer der führenden Intelligenzforscher unserer Zeit, der Yale-Psychologe Prof. Robert Sternberg, sagt zum Beispiel, daß es mindestens drei Arten der Intelligenz gibt:

1. Schul-Intelligenz: Sie zeichnet sich dadurch aus, daß einem Aufgaben gestellt werden – und die muß man lösen. So ähnlich läuft es auch bei den IQ-Tests, und schon diese kurze Bemerkung zeigt, warum hochintelligente Menschen im Leben oft versagen. Im Leben braucht man nämlich

2. Problem-Erkennungs-Intelligenz: Man bekommt im Leben die Probleme nicht auf dem Silbertablett serviert. Man muß selbst sehen, was falsch läuft, muß sich kümmern, sich einsetzen. Wer immer gewohnt war, daß die Aufgaben an ihn herangetragen werden, erleidet deshalb oft Schiffbruch. Schließlich braucht man auch

3. »Straßen-Intelligenz« oder **»Ratten-Intelligenz«:** Sternbergs Beispiel ist der hochbegabte Professor, der es in intellektueller Zurückhaltung nicht schafft, Forschungsgelder lockerzumachen. Dieser Mensch wird auf Dauer keine herausragenden wissenschaftlichen Leistungen erbringen – obwohl er den IQ dafür hätte.

Die Situation an den Schulen heute sehen viele amerikanische Pädagogen und Psychologen in vergleichbarer Weise. Wieder werden wichtige Fähigkeiten, die die Wirtschaft, die Gesellschaft braucht und die dem einzelnen bei seinem Erfolg im Arbeitsleben helfen, an den Schulen zu wenig gefördert.
Diese Pädagogen und Psychologen sehen: Schulbildung muß durch menschliche Bildung ergänzt werden, und zur menschlichen Bildung gehört das, was unter dem Sammelbegriff *Emotionale Intelligenz* zusammengefaßt wird. Es geht um fünf besondere Fähigkeiten, die von frühester Jugend an stärker gefördert werden müssen:

1. **Selbst-Bewußtsein**
   Das ist hier ganz im Sinne des Wortes gemeint: sich seiner selbst bewußt sein, sich selbst kennen, das eigene Leben kennen und vor allem auch um das eigene Gefühlsleben. Das schafft die Grundlage für
2. **Selbst-Management**
   Gemeint ist: die eigenen Stimmungen, die eigenen Gefühle so weit im Griff zu haben, daß man unter Stress nicht nervös wird, sondern ruhig bleibt, daß man Angstgefühle gut abwehren kann und daß man sich von negativen Gefühlen schnell regeneriert. Daraus entsteht
3. **Selbst-Motivation**
   Gemeint ist: fleißig sein, zäh sein, an einer Aufgabe dranbleiben, nicht verzagen, wenn etwas nicht klappt, sich nicht entmutigen lassen.
   Die ersten drei Dimensionen der *Emotionalen Intelligenz*

hängen also sehr stark mit der eigenen Person, mit dem eigenen Selbst zusammen: sich seiner selbst bewußt sein; seine eigenen Stimmungen einigermaßen kontrollieren und sich selbst motivieren können. Die verbleibenden beiden Dimensionen beziehen sich hingegen auf das Verhältnis zu anderen Menschen:

4. **Empathie**
   Gemeint ist: verstehen, was andere Menschen fühlen. Empathie ist etwas Ähnliches wie Sympathie. Sympathie bedeutet: mit einem anderen Menschen fühlen, mitleiden, in Mitleidenschaft gezogen werden. Empathie bedeutet: sich in den anderen Menschen hineinversetzen können – und zwar auch und gerade in Menschen, die wir nicht sympathisch finden. Ein Polizeipsychologe, der einen Kidnapper zur Aufgabe bringt, hat sehr viel Empathie, allerdings muß er deshalb den Kidnapper nicht sympathisch finden.
5. **Engagement**
   Gemeint ist: sich unter die Menschen begeben, das Leben nicht als Zuschauersport ansehen, nicht die Menschen beobachten, sondern etwas mit ihnen zusammen machen; gut mit anderen Menschen zurechtkommen, Freude daran empfinden, unter Menschen zu sein.

IQ-Intelligenz und *Emotionale Intelligenz* gehören zusammen

Der Intelligenzforscher und IQ-Kritiker Prof. Howard Gardner (Harvard University) hat ein System der Intelligenz aufgestellt, das unser Schulsystem revolutionieren könnte. Gardner nennt acht Dimensionen der Intelligenz:

1 Sprachliche Intelligenz (verständlich und überzeugend sprechen und erklären, originelle Geschichten erzählen können)
2 Musikalische Intelligenz (Musik erinnern, Musik machen, komponieren)
3 Logisch-mathematische Intelligenz
4 Räumliche Intelligenz (Orientierung bei Puzzles und auf Landkarten)

5 Körperliche und Kinästhetische Intelligenz (Tanzen, Sport treiben, sich bewegen, geschickter Werkzeuggebrauch)
6 Intrapersonelle Intelligenz (»in touch« sein mit den eigenen Gefühlen, den »emotions", und den nicht-rationalen geistigen Inhalten, den »feelings«)
7 Interpersonelle Intelligenz (sensibel sein für die Stimmungen, Motive und Intentionen anderer Menschen) und die
8 Naturalistische Intelligenz (in ihr zeigt sich die Fähigkeit, Pflanzen und Tiere mit Namen zu benennen ebenso wie die Freude, dies zu tun).

Emotionale Intelligenz ist bei ihm in den Dimensionen 6 und 7 berücksichtigt. Der Unterschied zwischen

- *intra*-personaler Intelligenz und
- *inter*-personeller Intelligenz

liegt in den Vorsilben. Beide kommen aus dem Lateinischen, »intra« heißt »innerhalb«, »inter« heißt »zwischen«. Statt »interpersonelle Intelligenz« könnte man auch »soziale Intelligenz« sagen, in der englischsprachigen Literatur spricht man meist von »social intelligence«, im Deutschen hat das Wort »sozial« allerdings einen Nebensinn (»sozial engagiert«, »hilfsbereit«), etwas, was gute Menschen auszeichnet. *Emotionale Intelligenz* hingegen ist wertfrei gemeint, man kann sich sozial engagieren und dabei sehr unsozial und unhuman sein.
Warum *Emotionale Intelligenz* heute so wichtig ist, wird am Ende des Buches im Nachwort erläutert. Zuerst einmal aber folgt der große Test-Teil.

Teil II
Der große EQ-Test

52 EQ-Tests – und wie Sie mit ihnen arbeiten

Um diese Tests geht es:

Emotionale Intelligenz hilft uns, durch

- Empathie (siehe Test-Teil 4) und
- Engagement (siehe Test-Teil 5)

zu einem besseren, erfolgreicheren Umgang mit anderen Menschen zu kommen. Basis dafür ist der erfolgreiche Umgang mit uns selbst, mit unserer Fähigkeit,

- uns selbst zu motivieren (siehe Test-Teil 3),
- mit unseren Stimmungen, mit Stress und Angst erfolgreich umzugehen (siehe Test-Teil 2).
- Basis dafür ist (siehe Test-Teil 1), daß wir überhaupt wissen, was in uns – oder zumindest in unserem Leben (also: um uns herum) – geschieht.

Zu jedem Test erhalten Sie eine Auswertung. Zusätzlich können Sie Punkte erwerben, „EQ-Punkte“. Wie viele, darüber informiert Sie ein Kasten in jedem Test. Sie starten mit einem „Konto“ von 1.000 Punkten.

Auf Seite 195 finden Sie eine Tabelle, in der Sie Ihre Ergebnisse festhalten und eine Endauswertung ablesen können.

Es sei an dieser Stelle noch darauf hingewiesen, daß dies *ein* Test ist, der in 52 kleine aufgesplittert wurde. Es macht wenig Sinn, nur den einen oder anderen Teilbereich zu lösen. Auch sind unsere Tests so angelegt, daß sie nicht in zwei Minuten zu bearbeiten sind, manche sind Langzeittests, bei denen Sie sich mitunter eine Woche lang beobachten. Damit das Ergebnis nicht verzerrt wird, sollten Sie alle Fragen wohlüberlegt beantworten.

Viel Spaß dabei!

Teil 1
EQ-Test für ein besseres Selbst-Bewußtsein

Test 1

Können Sie von 1 bis 10 zählen?

Treffen Sie bitte eine Vereinbarung mit sich selber. Sie lautet: »Ich werde eine Viertelstunde lang spazierengehen und dabei meine Atemzüge zählen.« Zählen Sie bitte immer beim Ausatmen eins weiter. Und damit es nicht mechanisch wird, fangen Sie nach 10 wieder bei 1 an. Bitte versuchen Sie, so weit zu kommen, daß Sie tatsächlich fünfmal hintereinander bis 10 gezählt und dann wieder bei 1 angefangen haben.

EQ-Punkte

Bitte tragen Sie hier (für Ihren besseren Überblick: mit Datum) die Zahlen ein, die Sie bei Ihren Versuchen erreicht haben:

Am ______ habe ich im Rhythmus meiner Atemzüge fünfmal hintereinander bis 10 gezählt und dann wieder bei 1 angefangen.

1. am ______ habe ich statt bis 10 bis ______ gezählt
2. am ______ habe ich statt bis 10 bis ______ gezählt
3. am ______ habe ich statt bis 10 bis ______ gezählt
4. am ______ habe ich statt bis 10 bis ______ gezählt
5. am ______ habe ich statt bis 10 bis ______ gezählt
6. am ______ habe ich statt bis 10 bis ______ gezählt
7. am ______ habe ich statt bis 10 bis ______ gezählt
8. am ______ habe ich statt bis 10 bis ______ gezählt
9. am ______ habe ich statt bis 10 bis ______ gezählt
10. am ______ habe ich statt bis 10 bis ______ gezählt

Sie beginnen mit einem Kontostand von 1.000 Punkten. ______
Bitte ziehen Sie die höchste Zahl, die Sie in diese Tabelle eingetragen haben, davon ab. ______

Neuer Kontostand: ______

Das bedeutet Ihr Ergebnis:

Dies ist ein Test und eine Übung zugleich, eigentlich eine Form der Vipassana-Meditation. Mit ihr kann »Kopflastigkeit« erkannt und abgebaut werden. Die Aufgabe klingt sehr einfach, die meisten Menschen aber scheitern daran. Sie »erwachen« manchmal erst aus einer Zählroutine, wenn sie sich selbst »167« oder eine noch höhere Zahl sagen hören.
Zu dieser Meditation erklärt der Therapeut George Pennington: Viele Menschen beobachten an sich selbst, daß sie – ohne eine rechte Kontrolle darüber zu haben – mehr »im Kopf« leben als ihnen lieb ist. Das Gefühl, der Bauch, das Herz, oder wie man es nennen mag, sind »ausgeschaltet«. Und wo diese Instanzen fehlen, macht sich eben der Kopf breit und versucht, sie – so gut er kann – zu ersetzen. Was uns not tut, ist das Zusammenspiel von Kopf und Gefühl, von Denken und Spüren.
Es sind zwei unterschiedliche Wahrnehmungsinstrumente, die uns für verschiedene Aufgaben zur Verfügung stehen. Zum einen haben wir die Fähigkeit, ganz unmittelbare Erfahrungen zu machen: Wir trinken eine Tasse Tee, spüren den Geschmack, spüren seine Temperatur und wie er beim Schlucken unsere Kehle hinunterfließt. Das sind sinnliche Erfahrungen, in denen wir die Dinge in unserem Leben ganz unmittelbar begreifen. Wenn eine Viertelstunde nach dem Genuß des Tees eine weitere sinnliche Erfahrung dazukommt, starkes Schwitzen etwa, dann ist der Kopf dran. Er ist nämlich zuständig für das Begreifen von Zusammenhängen. Und er wird sich fragen, ob der Schweißausbruch nicht etwa an den Lindenblüten im Tee liegen könnte.
Aus dem Beispiel werden zwei Dinge deutlich: einmal, daß das Begreifen der Sinne und das Begreifen des Kopfes zwei ganz verschiedene Funktionen sind. Und zum anderen, daß das Begreifen des Kopfes auf der sinnlichen Erfahrung aufbaut. Die unmittelbare Erfahrung ist gewissermaßen die Voraussetzung dafür, daß der Kopf seine Arbeit sinnvoll ausführen kann.
Gedanken sind in ihrem Eigenleben kaum zu bändigen; sie können uns völlig vereinnahmen: mit Tagträumen.

Wer tatsächlich eine ganze Viertelstunde lang bewußt atmend und zählend erlebt, hat den Bezug zum unmittelbaren Erleben (noch?) nicht verloren hat. Die anderen sind es, die Hilfe brauchen – wenn sie sie wollen, was voraussetzt, daß ihnen das Ausmaß ihrer Entfremdung vom Leben bewußt geworden ist.
Leben will erlebt werden. Hier und jetzt. Wenn wir das nicht können, dann nicht, weil wir zuviel »Kopf« haben, sondern zu wenig Gespür. Weil wir abgestumpft sind. Und der Kopf füllt unser sensorisches Vakuum mit irgendwelchen Gedanken aus.
Wir leben im Kopf und sind zugleich geistesabwesend. Der Geist ist abwesend. Dort, wo er wehen könnte, mahlen die Mühlen des Gehirns unaufhörlich irgendwelche Sachen vor sich hin. Es geht nicht darum, die Mühle abzuschalten, sondern darum, sie in den Dienst des Geistes zu stellen. Hat nicht jemand gesagt, der Kopf sei ein schlechter Herr, aber ein guter Diener? Wir müssen alle lernen, unserem Kopf die Zügel anzulegen, damit er uns nicht beherrscht. Das beste Instrument zu diesem Zweck ist die Meditation.
Unter den verschiedenen Formen der Meditation findet sich mit Sicherheit für jeden Menschen eine, die ihm liegt und die er mit Freude betreiben kann. Der christliche Rosenkranz ist genauso eine Schule der Geistes-Gegenwart, wie etwa die sitzende Zen-Meditation oder das Rezitieren von Mantras.
Alle Meditationen sind etwas monoton. Einerseits versetzen sie den Geist in einen »hypnotischen« Zustand, so daß er von seinen gewohnten Schienen abkommt. Andererseits verankern sie die Bewußtheit in irgendwelchen einfachen, aber regelmäßigen Verrichtungen, wie das Durch-die-Finger-gleiten-lassen einer Gebetskette, rhythmische Körperbewegungen oder monotonen Gesang. Das Zählen der Atemzüge ist auch nichts anderes als eine Schulung der unmittelbaren Achtsamkeit. Probieren Sie es doch einfach. Vielleicht verstehen Sie dann besser, warum ich mit der Idee, den Kopf abzuschalten, wenig anfangen kann. Es scheint mir viel besser, ihn aus seiner Tagträumerei zu befreien und ihn zu dem zu machen, was er eigentlich sein sollte: Sitz des Bewußtseins und Diener des Geistes.

Test 2

Stehen Sie sich selbst im Weg?

Bitte denken Sie einmal sieben Tage zurück. An wieviel Tagen der letzten Woche haben Sie oder sind Sie (bitte tragen Sie einfach eine Zahl ein)

1. verschlafen? _____ mal
2. ungenügend gefrühstückt? _____ mal
3. auf dem Weg zur Arbeit (oder zu Ihrem ersten Termin) gehetzt? _____ mal
4. bei der Arbeit/Hausarbeit unter Termindruck gestanden? _____ mal
5. im Verkehrsstau gestanden? _____ mal
6. abends ein Gefühl der inneren Leere gehabt? _____ mal
7. abends ein schlechtes Gewissen gehabt? _____ mal
8. abends Erschöpfung gespürt – ohne zu wissen, warum? _____ mal
9. schlecht geträumt? _____ mal
10. mit Menschen Ärger gehabt? _____ mal
11. an Schulden (oder eine Schuld) anderen Menschen gegenüber gedacht? _____ mal
12. an ein Unrecht gedacht, das man Ihnen angetan hat? _____ mal
13. in Gedanken oder halblaut ein abgebrochenes Gespräch zu Ende geführt? _____ mal
14. gefaulenzt – ohne es genossen zu haben? _____ mal
15. sich Vorwürfe gemacht, daß Sie körperlich zu wenig für sich tun? _____ mal
16. sich einen normalen Wunsch nicht erfüllt? _____ mal
17. so viel geschwelgt und gepraßt, daß Ihnen davon schlecht geworden ist? _____ mal
18. Ungesundes gegessen? _____ mal
19. gegen eigene Lebensgrundsätze verstoßen? _____ mal

20. über einen Abwesenden schlecht gesprochen? _____ mal
21. etwas über einen anderen Menschen gedacht, was Sie ihm nicht gesagt haben? _____ mal
22. vor dem Fernseher ein Nickerchen gemacht? _____ mal
23. an anderen Menschen gezweifelt? _____ mal
24. an der Gerechtigkeit gezweifelt? _____ mal
25. an Gott gezweifelt? _____ mal

Bitte zählen sie die Zahlen zusammen, die Sie zu jeder Frage eingetragen haben. _____ **mal**

EQ-Punkte

Ihr bisheriger Punktestand _____

1. Ihre Punkte, **wenn Sie sich selbst getestet haben:** _____

2. Sie können einen zweiten Testdurchgang machen und neben Ihre Antworten schreiben, welche Antworten aus Ihrer Sicht richtig oder ideal wären. Zählen Sie auch diese Punkte zusammen, es sind _____

3. Sie können einen dritten Testdurchgang machen und neben Ihre Antworten schreiben, welche Antworten **aus Sicht eines Ihnen vertrauten Menschen richtig oder ideal** wären. Die Summe dieser Punkte ergibt _____

Ziehen Sie eine dieser drei Zahlen ab.
Neuer Punktestand: _____

Das bedeutet Ihr Ergebnis:

Weniger als 70 Punkte: Sie kommen patent durchs Leben. Wie jeder andere Mensch auch, merken Sie zwar manchmal, daß Sie Fehler machen oder Schwächen haben, die Ihnen schaden. Aber anders als Menschen, die das Leben weniger gut meistern, machen Sie sich dadurch nicht unglücklich. Sie gehen Ihren Weg einfach mit viel Gottvertrauen weiter.

70 bis 85 Punkte: Sie nehmen vieles schwerer als andere Menschen. Sie nehmen sich mehr zu Herzen als andere. Das ist natürlich erst einmal positiv, weil sie feinfühliger und empfindsamer sind als andere. Aber leider können Sie dies Feingefühl zu wenig zu ihrem Vorteil oder zu Ihrer Lebensfreude einsetzen. Vielleicht wäre es ein guter Rat für Sie, wenn Sie sich einfach etwas weniger um die anderen Menschen und deren Wünsche und Ziele kümmern würden.

Mehr als 85 Punkte: Sie leiden, wenn Ihre Lebensumstände ungünstig sind. Das geht allen Menschen so. Aber Sie haben leider – und stärker als andere Menschen – das »Talent«, besonders gut zu erkennen, wann Ungemach aufzieht. Deshalb machen Sie sich das Leben manchmal schon schwer, wenn andere noch nicht einmal erkennen, daß dunkle Wolken heraufziehen.

Test 3

Wissen Sie, was sie tun?

Tragen Sie in das Zeitschema ein, was Sie gestern getan haben. Bitte füllen Sie die Spalten von oben nach unten aus (also zuerst: Wo waren sie zu jeder vollen Stunden?). Bitte geben Sie sich nicht mehr als 3 Minuten Zeit für das Blatt

Zeit	**wo war ich**	**mit wem war ich**	**was habe ich getan**	**warum**
06.00				
07.00				
08.00				
09.00				
10.00				
11.00				
12.00				
13.00				
14.00				
15.00				
16.00				
17.00				
18.00				
19.00				
20.00				
21.00				
22.00				
23.00				
00.00				
01.00				

EQ-Punkte	
Ihr bisheriger Punktestand	______
Sie hatten 80 Angaben zu machen. Wenn alle Felder besetzt sind, schreiben Sie sich bitte 80 Punkte gut.	______
Für jedes fehlende Feld ziehen Sie sich bitte 1 Punkt ab.	______
Neuer Punktestand:	______

Das bedeutet Ihr Ergebnis:

Menschen Sind meist unachtsam und unaufmerksam für das eigene Leben. Dieser Test soll Sie für diese Tatsache erneut sensibilisieren. Wie will man den eigenen Gefühlen oder den Gefühlen der anderen Rechnung tragen, wenn man sie überhaupt nicht zur Kenntnis nimmt?

Test 4

Sind Sie ein so friedlicher Mensch, wie Sie selbst von sich glauben?

Hier ist ein Muster eines Eintrags in eine besondere Art von Tagebuch:

Wann:	Dienstag, 15.3.1996, 13.15 Uhr
Wo:	Im Auto auf der Rückfahrt ins Büro
Wer:	Junger Mann in einem Ford
Was:	Raste an mir vorbei, schnitt mich, bremste mich aus, um rechts abzubiegen
Gedanken:	Verdammte Führerscheinneulinge! Wollen zeigen, wieviel Macho sie sind ...
Gefühle:	Ärger; Zwang zum Zuschlagen gespürt
Verhalten:	Dauerhupe als ich an ihm vorbeifuhr; mit der Faust gedroht

Es ist eine Notiz aus einem »Feindseligkeits-Tagebuch«. Solch ein Tagebuch zu führen, hat Prof. Redford Williams, einer der führenden Präventivmediziner unserer Zeit, vorgeschlagen. Bitte führen Sie ein solches Tagebuch einmal eine Woche lang. Hier noch einmal das Schema: Am besten Sie kopieren es sich oder schreiben es auf dem PC ab und kopieren das Schema so lange, bis Sie ein Blatt voll haben, das Sie dann immer mit sich tragen können.

Wann:
Wo:
Wer:
Was:
Gedanken:
Gefühle:
Verhalten:

EQ-Punkte:

Ihr bisheriger Punktestand	______
Schreiben Sie sich für jeden Eintrag, den Sie machen, 20 Punkte auf Ihrem Punktekonto gut.	______
Neuer Punktestand:	______

Das bedeutet Ihr Ergebnis:

Sie erhalten in Test 4 EQ-Punkte dafür, daß Sie die Einsicht zeigen, daß auch Sie Aggressionen und feindselige Gedanken haben. Diese Einsicht kann Ihr Leben verändern, Sie können sich entscheiden, mit Ihren Emotionen intelligent umzugehen – speziell mit Ihren negativen Emotionen.

Wie wichtig das ist, wissen Gesundheitsforscher seit langem. Amerikanische Gesundheitsbehörden gehen zum Beispiel davon aus, zwei Drittel aller Krankheiten bis zum Alter von 65 Jahren seien vermeidbar. Das größte Gesundheitsrisiko entsteht nach wie vor durch Herzerkrankungen. Höchste Risikogruppe sind dabei, wie immer neue Forschungen belegen, Menschen mit einer grundlegend feindseligen Einstellung dem Leben allgemein und anderen Menschen insbesondere gegenüber. Das sind Menschen, von denen der jüdische Mystiker Rabbi Josua Ben Shananya im ersten nachchristlichen Jahrhundert gesagt hat: »Der böse Blick, die böse Neigung, der Haß auf die anderen Geschöpfe Gottes, das ist es, was den Menschen umbringt.«

Neben den bekannten körperlichen Vorbeugemaßnahmen gegen die Risiken eines Herztodes wie Vollwert-Ernährung und (regel-)mäßiger Sport, rückt deshalb ein Abbau grundlegender Feindseligkeit an die erste Stelle. Der amerikanische Medizin-Professor Redford Williams von der Duke University hat ein Zwölf-Punkte-Programm aufgestellt, das dem größten Gesundheitsrisiko unserer Zeit, einem vorzeitigen Herztod, vorbeugen kann.

Drei Ziele muß ein Mensch dabei erreichen:

1. Zynisches Mißtrauen in die Motive anderer Menschen verlieren.
2. Die Häufigkeit und die Intensität reduzieren, in der bei ihm Ärger, Irritation, Frustration und Wut entstehen.
3. Lernen, andere mit Freundlichkeit und Nachsicht zu behandeln und zugleich die persönliche Ich-Stärke erhöhen für alle unvermeidbaren Konfliktsituationen.

Hierzu werden Sie im Laufe dieses Buches einige weitere Tests und Anleitungen finden.
Ein solches »Feindseligkeits-Tagebuch« wird Ihnen einiges über die Häufigkeit und die Art von Situationen sagen, die Sie in Rage bringen. Es wird Ihnen die Möglichkeit geben, Ihre negativen Gedanken, Ihre Gefühle von Ärger und Ihr aggressives Verhalten besser zu erkennen.
Langfristig dient das dazu, den negativen Gedanken, die am Anfang dieser Kette stehen, Einhalt zu gebieten. Sehen Sie am Ende jeder Woche Ihr »Feindseligkeits-Tagebuch« nach gemeinsamen Mustern durch. Sie werden überrascht sein, wie oft Feindseligkeit in Ihnen in ganz trivialen Situationen provoziert wird.

Test 5

Haben Menschen Angst vor Ihnen?

Bitte schreiben Sie die Namen aller Menschen auf, die schon einmal Angst vor Ihnen gehabt haben – je mehr Menschen Sie nennen können, desto besser.

____________	____________	____________
____________	____________	____________
____________	____________	____________
____________	____________	____________
____________	____________	____________
____________	____________	____________
____________	____________	____________
____________	____________	____________
____________	____________	____________
____________	____________	____________

EQ-Punkte

Ihr bisheriger Punktestand ______

Schreiben Sie sich für jeden Eintrag, den Sie machen, 20 Punkte auf Ihrem Punktekonto gut. ______

Neuer Punktestand: ______

Das bedeutet Ihr Ergebnis:

Das Wichtigste, was viele Menschen tun können, um das Risiko von Krankheit und vorzeitigem Tod zu minimieren, ist, ihr eigenes negatives, feindseliges ICH kennenzulernen. Fast alle Menschen halten sich für ruhige und friedliche Zeitgenossen. Der Gedanke, daß sie in anderen Angst auslösen könnten, kommt ihnen überhaupt nicht. Genau das ist häufig aber der Fall. Und das schafft belastende mitmenschliche Beziehungen.

Test 6

Nutzen Sie Ihre Zeit intelligent?

Zeit ist Geld, sagt man. Aber das stimmt nicht. Zeit ist wichtiger als Geld, denn verlorenes Geld kann man manchmal wiederbeschaffen. Verlorene Zeit aber gibt einem niemand zurück. Wissen Sie, ob Sie zu viel Zeit verlieren?
Kreuzen Sie bitte alle Aussagen an, die auf Sie zutreffen.

- ❑ Meine Telefonrechnung fällt öfter mal höher aus als erwartet.
- ❑ Bei mir haben sich schon einmal Menschen beschwert, daß man mich am Telefon nicht erreichen kann, weil andauernd besetzt ist. Ich muß zugeben: Diese Menschen haben recht.
- ❑ Ich habe eigentlich jeden Tag mehr zu tun als ich schaffen kann.
- ❑ Meine Pflichten spannen mich so sehr ein, daß dabei das Vergnügen zu kurz kommt.
- ❑ Öfter mal muß ich ein wirklich wichtiges Gespräch abbrechen, weil mich eine Pflicht ruft.
- ❑ Meine Pflichten hindern mich oft daran, ein paar fröhliche und unbeschwerte Stunden mit anderen Menschen zu genießen.
- ❑ Wenn Menschen langatmig reden, werde ich schnell nervös.
- ❑ Ich verbringe zu viel Zeit mit Menschen, die mir nichts nützen.
- ❑ Ich habe ein zu offenes Ohr für Menschen, die mal ihr Herz ausschütten wollen, von denen ich aber sonst nichts habe.
- ❑ Unangemeldeter Besuch bringt öfter mal meinen ganzen Tagesablauf durcheinander.
- ❑ Unangenehme Pflichten schiebe ich meist auf.
- ❑ Manchmal bin ich den ganzen Tag aktiv, aber die wichtigen Dinge sind abends dann doch nicht erledigt.
- ❑ Alles, was ich mache, möchte ich perfekt machen.
- ❑ Öfter mal verliere ich mich beim Arbeiten in zu viel Kleinkram.

- ❑ Am liebsten mache ich alles selbst. Ich kann schlecht um Hilfe bitten.
- ❑ Wenn andere Leute etwas für mich tun, muß ich ständig kontrollieren, ob sie alles richtig gemacht haben.
- ❑ Morgens weiß ich meist nicht, mit welcher Arbeit ich anfangen soll.
- ❑ Ich habe zu viel Unordnung um mich herum. Ich verliere zu viel Zeit mit Suchen.
- ❑ Ich bin so oft unpünktlich, daß sich andere Menschen schon darüber beschwert haben.
- ❑ Wenn ich mit einer neuen Arbeit anfange, habe ich meist keine Vorstellung davon, ob ich viel oder wenig Zeit dafür brauche.
- ❑ Auch bei Routinearbeiten verschätze ich mich in der Zeit, die ich brauche.
- ❑ Ich schaffe es nicht, auch mal einfach nur faul zu sein. Wenn ich wenig zu tun habe, strecke ich die Aufgaben unbewußt über den ganzen Tag.
- ❑ Abends bin ich oft kaputt, aber ich weiß meist nicht, wovon.
- ❑ Oft denke ich innerlich bei meiner Arbeit: »Das schaffst du doch nicht. Das ist eigentlich zu schwer für dich.«
- ❑ Ich bin leicht abzulenken.
- ❑ Ich setze mir Ziele, aber ich halte mich oft nicht daran.
- ❑ Die meisten Menschen kennen meine wahren Talente und Qualitäten nicht.
- ❑ Wenn etwas schwierig wird, nimmt meine Konzentration ab.
- ❑ Ich kann mich schlecht auf reine Routine-Dinge konzentrieren.
- ❑ Ich habe mir schon einmal einen Zeit- oder Organisationsplan gemacht.
- ❑ Solche Pläne habe ich mir sogar schon mehr als nur ein Mal gemacht.
- ❑ Kein einziger dieser Pläne hat richtig funktioniert.

EQ-Punkte

Ihr bisheriger Punktestand ______
Ziehen Sie die Anzahl der angekreuzten Aussagen
von Ihrem Konto ab. ______
Neuer Punktestand: ______

Das bedeutet Ihr Ergebnis:

Weniger als 10 Kreuze: Sie gehen mit Ihrer Zeit sehr sinnvoll um. Sie können sich auf die wesentlichen Aufgaben konzentrieren. Wenn es etwas zu erledigen gibt, machen Sie es – auch wenn es unangenehm oder langweilige Routine ist. Sie halten sich nicht mit anderen Dingen auf, sondern versuchen, das Unangenehme möglichst schnell aus der Welt zu schaffen, um es zu vergessen. Auf der anderen Seite nehmen Sie sich viel Zeit für sich selbst. Sie genießen das Nichtstun. Das aber ist keine Zeitverschwendung! Denn in der freien Zeit sammelt der Mensch die Kräfte, die er braucht, um seine Aufgaben schnell und präzise zu erledigen.

10 bis 18 Kreuze: Manchmal verschwenden Sie Zeit. Vielleicht denken Sie, daß Nichtstun Zeitverschwendung ist, aber das stimmt nicht. Jeder Mensch braucht einmal eine Pause. Die wertvolle Zeit, die Ihnen verloren geht, wird Ihnen von anderen Menschen regelrecht gestohlen. Schuld daran aber haben Sie selbst: Sie trennen zum Beispiel nicht gut genug zwischen »geschäftlich-distanziert« und »privat«. Deshalb bekommen Gespräche mit Ihnen meist rasch eine persönliche Note, und dann dauern sie endlos lange – am Telefon, zwischen Tür und Angel oder mit einem Besucher, der gerade einmal hereinplatzt. Jeder weiß: Sie haben Zeit und ein Ohr und ein Herz für andere Menschen. Das nutzen die Menschen aus.

Mehr als 18 Kreuze: Ihnen geht sehr viel Zeit verloren. Sicher haben Sie das schon selbst gemerkt, und Sie haben deshalb immer wieder einmal Pläne gemacht, wie Sie Ihren Tag besser einteilen können. Vermutlich aber haben diese Pläne bisher nicht richtig gegriffen. Und vielleicht glauben Sie deshalb von sich selbst, daß Sie ein »chaotischer« Mensch sind. Vermutlich aber sind Sie das genaue Gegenteil: ein Mensch, der auf Ordnung und Planung bedacht ist, der alles perfekt machen möchte und jeder Pflicht gewissenhaft nachkommen will. Es wird Ihnen schwerfallen zu glauben, daß in dieser – ja eigentlich positiven – Lebenshaltung der Grund dafür liegt, daß Sie zuviel Zeit verlieren. Aber es ist so. Sie überfordern sich! Sie verlangen von sich mehr als Sie leisten können.

Ein guter Rat für Sie ist: Schreiben Sie sich für jeden Tag alles auf, was Sie tun müßten, aber suchen Sie dann aus dieser Liste nur die sieben wichtigsten Dinge heraus. Bringen Sie diese Dinge in eine Reihenfolge von Nr. 1 bis Nr. 7. Fangen Sie bei der wichtigsten Aufgabe, also bei Nr. 1, an – und erst, wenn Sie damit fertig sind, gehen Sie zu Nr. 2. Es kann dadurch passieren, daß Sie an einem Tag nicht bis Nr. 7 kommen. Aber zumindest haben Sie erreicht, daß Sie an den Aufgaben gearbeitet haben, die wichtiger waren als Nr. 7.

Machen Sie am nächsten Tag eine neue Liste von Nr. 1 bis Nr. 7. Und gehen Sie genauso vor. Wenn Sie das vier Wochen lang durchhalten, haben Sie das große Problem der Zeitvergeudung gelöst. Darüber sind sich alle Organisationsfachleute einig: Es gibt vermutlich keinen besseren Rat zur Lösung von Zeitproblemen.

Test 7

Könnten Sie allein leben?

Jedem Menschen kann es passieren, daß er plötzlich ohne Partner dasteht. Wären Sie darauf vorbereitet?
Test-Teil 1: Bitte kreuzen Sie an, welche Reaktionen für Sie typisch sind

Wenn Eltern ihren Kinder bewußt andere Sachen zum Anziehen kaufen als alle Freunde der Kinder sie tragen, dann werden diese Kinder
a) durchsetzungsfähig.
b) eingeschüchtert.

Welcher Sport ist für ein Mädchen die bessere Charakterschulung?
a) Tennis.
b) Volleyball.

Ein 13jähriges Mädchen schaut mit »bon jour tristesse«-Blick in die Welt. Was würden Sie diesem Mädchen als Rat für das Leben geben?
a) »Zeige nie deine echten Gefühlen.«
b) »Wenn du traurig bist, laß die Tränen ruhig fließen«.

Wie erscheint Ihnen der Typ Frauen, der schön, kalt, eisig und unnahbar aussieht?
a) Selbstbewuß.t
b) Arrogant.

Trennungen und Scheidungen sind
a) traurig, aber ein Teil des Lebens.
b) gefährlich, weil man mit dem Partner auch ein Teil von sich selbst verliert.

Wenn ich weiß, daß jemand an mich denkt, fühle ich mich
a) sicher.
b) freier.

Wer nie an seinem Partner zweifelt,
a) ist naiv.
b) ist einfach nur verliebt.

Singles sind in meinen Augen auf dem Weg
a) zu einer neuen Partnerschaft.
b) in die Freiheit.

Wer immer Menschen um sich herum haben muß, ist
a) gesellig.
b) unselbständig.

Wenn eine Frau allein ein ganzes Wochenende mit einem Paar verbringt – wem sollte Sie eher zu gefallen versuchen?
a) Dem Mann.
b) Der Frau.

Ohne Begleitung zu einer Essenseinladung zu gehen, ist für eine Frau
a) peinlich.
b) nicht peinlicher als für einen Mann.

Ehe ist vor allem
a) Rückversicherung.
b) Wagnis.

Wie muß eine Frau heute sein?
a) Vor allem selbständig.
b) Je nach Situation und Mensch: mal selbständig, mal anschmiegsam.

Test-Teil 2: Bitte suchen Sie aus den hier vorliegenden Beschreibungen diejenige heraus, die am besten auf Sie zutrifft. Checken Sie, ob Freunde derselben Meinung sind wie Sie:

1 Sie fühlen sich unter Menschen am wohlsten. Und gerade deshalb könnten Sie allein leben. Sie sind nämlich so kontaktfreudig, daß Sie als Single nicht vereinsamen würden. Allerdings – viele Menschen würden Sie so sympathisch finden, daß bei Ihnen aus einem langen Alleinsein wohl nichts würde. Sie würden schnell wieder einen Freundeskreis oder einen neuen Partner finden.

2 Sie könnten allein gut zurechtkommen, und manchmal träumen Sie vielleicht sogar vom Single-Dasein. Aber das ist nicht der Lebensstil, der Ihnen besonders zusagt. Lieber geben Sie einen Teil Ihrer Selbständigkeit und Freiheit auf, als daß Sie abends mit einem Buch ins Bett gehen.

3 Alleinsein ist für Sie von großem Reiz. In Ihrem Leben gibt es viele Situationen, in denen Sie die »Zweisamkeit« gerne gegen mehr Freiheit eintauschen würden – aber Sie täuschen sich vielleicht ein bißchen über die Freude, die Sie haben, wenn Ihnen keiner mehr nachts die Bettdecke wegzieht. Probieren Sie das einmal aus (Urlaub allein, allein in Lokale und zu Einladungen gehen), und bewerten Sie dann ganz objektiv, ob das Ihr Leben ist.

EQ-Punkte

Ihr bisheriger Punktestand ______

1. Bitte tragen Sie ein, wie oft Sie im ersten Durchgang a) angekreuzt haben ______

2. Bitte geben Sie sich 50 Punkte, wenn Sie folgende Übereinstimmungen feststellen:

Weniger als 4 mal a)angekreuzt	= Persönlichkeitsbild 1
5-8 mal a) angekreuzt	= Persönlichkeitsbild 2
mehr als 8 mal a) angekreuzt	= Persönlichkeitsbild 3

Zählen Sie diese Punkte zu Ihrem Konto hinzu. ______

Neuer Punktestand: ______

Test 8

Kämpfen oder kneifen?

Viele Menschen finden es besonders schwer, für ihre Interessen einzutreten. Sie halten das für egoistisch.
Bitte sagen Sie zu den folgenden Aussagen einfach »richtig« oder »falsch«.

Das wichtigste bei einem Streit ist, daß man ihn so schnell wie möglich beendet. richtig __ falsch __

Wer seinen Standpunkt durchsetzen will, verhält sich unmoralisch. richtig __ falsch __

Zu Hause mache ich gewöhnlich die gesamte Arbeit, während mein Partner sich entspannt. richtig __ falsch __

Wenn ich mich über Sachen ärgere, die mein Partner nicht weggeräumt hat, sage ich nichts, sondern schaffe schnell Ordnung. richtig __ falsch __

Öfter als mir lieb ist, läßt mein Partner mich allein. Das muß ich akzeptieren. richtig __ falsch __

Mein Partner läuft zu Hause immer viel zu schlampig rum, obwohl das meine Stimmung drückt. richtig __ falsch __

Abends ist mein Partner meist so müde, daß er ohne viele Worte einfach einschläft. richtig __ falsch __

Auf Feiern und Partys lasse ich meist die anderen reden. richtig __ falsch __

Es ist mir unangenehm, andere Menschen um Rat zu fragen. richtig __ falsch __

Manchmal gerate ich in Wut, obwohl ich es nicht will und es auch nicht erklären kann. richtig __ falsch __

Ich bin selbst sehr fröhlich, aber es fällt mir nicht leicht, andere Menschen zum Lachen zu bringen. richtig __ falsch __

Wenn ich mich mal über etwas beschwere, komme ich oft vom Hundertsten ins Tausendste.	richtig __ falsch __
Wenn ich schlechte Stimmung in mir spüre, bin ich lieber still, weil ich Angst habe, andere Menschen zu verletzen.	richtig __ falsch __
Manchmal wundere ich mich, wie unfair Freunde zu mir sind.	richtig __ falsch __
Ich bin immer hilfsbereit.	richtig __ falsch __

EQ-Punkte

Ihr bisheriger Punktestand ______

Machen Sie einen zweiten Test-Durchgang: Stellen Sie sich dabei vor, daß ein Ihnen vertrauter Mensch (tragen Sie hier den Namen ein: __________) die Fragen für Sie beantwortet, und zwar so, wie dieser Mensch Sie einschätzt.

Zählen Sie jetzt die Übereinstimmungen, es sind ______

Nehmen Sie die Zahl mit 5 mal, und schreiben Sie diesen Wert Ihrem Punktekonto gut ______

Neuer Punktestand: ______

Das bedeutet Ihr Ergebnis:

Weniger als 8 mal »richtig«: Sie versuchen, Kampf und Krampf im Leben zu vermeiden. Aber Sie wissen, daß das nur geht, wenn man offen sagt, was einem im Leben und bei anderen Menschen gefällt oder mißfällt. Dazu haben Sie den Mut – und Sie haben auch einen Weg gefunden, Ihre Interessen so vorzubringen, daß andere Menschen darüber nicht betrübt oder beleidigt sind.

8-11 mal »richtig«: Sie kämpfen nicht gerne für Ihre Interessen, aber immerhin: Sie kneifen auch nicht, wenn andere Menschen etwas Ungerechtes tun. Unangenehm ist es Ihnen nur, wenn Sie sich selbst vor Zumutungen und Ungerechtigkeiten in Schutz nehmen müssen. Da sind Sie zu oft still und meiden gerne jeden

Konflikt. Für alle Seiten besser aber wäre es, wenn jeder Mensch genau wüßte, wo Ihre Grenzen sind. Dann würde es sehr viel weniger kritische Situationen geben, aus denen Konflikte entstehen können.

Mehr als 11 mal »richtig«: Kämpfen ist Ihnen ein Greuel. Lieber geben Sie klein bei, denn Sie wollen eigentlich nur eins: Frieden um sich haben. Und so ist es für Sie immer wieder eine neue Enttäuschung, wenn die Harmonie zwischen Menschen gestört wird. Es wird Ihnen schwerfallen zu glauben, aber es ist so: Anderen niemals zu sagen, was man selbst schön und richtig findet, schafft noch keinen Frieden. Wer seine Interessen nicht mitteilt, lädt nämlich die anderen geradezu ein, immer neue Grenzen zu überschreiten – und Konflikte sind dann unvermeidlich.

Test 9

Sind Sie ein Gewohnheitstier?

Test-Teil 1: Bitte suchen Sie aus den hier vorliegenden Beschreibungen diejenige heraus, die am besten auf Sie zutrifft. Checken Sie, ob Freunde derselben Meinung sind wie Sie.

1 Sie sind ein richtiges Gewohnheitstier. Sie haben Ihr Leben im Griff. Das ist eine gute Sache – weitgehend jedenfalls. Die anderen Menschen wissen, woran sie bei Ihnen sind. Sie können sich auf Ihre Stärken genauso einstellen wie auf Ihre Schwächen. Wenn Ihnen Ihr Leben gefällt, und das Zusammenleben mit den Menschen genauso, ist alles bestens. Vielleicht aber fragen Sie sich, warum sie manchmal gelangweilt sind und auch andere Menschen eigentlich nur noch langweilig finden. Es liegt an den eingetretenen Pfaden, auf denen Sie gehen – und die man ja auch verlassen kann.

2 Sie haben viele feste Gewohnheiten, aber ihr Tag ist nicht nur durch Routine bestimmt. Zum Glück. Ein Mensch, der nicht mehr aufmerkt, der nicht mehr nachdenken muß, nicht mehr beobachtet und keine Wagnisse mehr eingeht, läuft ja am Leben vorbei. Feste Gewohnheiten und festgeplante Tagesabläufe sind besonders für den Umgang mit Menschen gefährlich. Erfreulich wird das Zusammensein mit Menschen nämlich nur, wenn man nicht auf die Uhr schauen muß, sondern Zeit hat. Vielleicht lassen Sie es in diesem Punkt noch etwas mangeln.

3 Sie verachten die festen Gewohnheiten, halten sie vielleicht sogar für spießig. Ihre Stärke ist die Improvisation. Aber manches läßt sich letztendlich doch besser durch Routine erledigen. Alle unangenehmen Pflichten gehören dazu. Man erledigt sie am besten, wenn man gar nicht mehr groß über sie nachdenkt, sondern wenn es einfach einen festgesetzten Ort und eine festgesetzte Zeit gibt, an denen diese Dinge »abgehakt« werden. Auf diese Weise kann man zusätzlich für sich

Freizeit herausschlagen, die man am besten mit Freunden verbringt.

Test-Teil 2: Bitte kreuzen Sie zu den folgenden Aussagen entweder Antwort a) oder Antwort b) an.

Wenn Sie heute mit einem Lied auf den Lippen aufgewacht wäre, welches wäre es gewesen:
a) Guten Morgen, liebe Sorgen, seid Ihr auch schon alle da
b) So ein Tag, so wunderschön wie heute

Singen Sie morgens unter der Dusche?
a) Selten oder nie.
b) Öfter mal oder immer.

Bekommen Sie manchmal den »Koller« und räumen etwas in der Wohnung um, obwohl alles ganz ordentlich und gemütlich ist?
a) Das würde mir nicht in den Sinn kommen.
b) Das kann durchaus passieren.

Ins Bett gehe ich abends
a) immer ziemlich genau zur selben Zeit.
b) unregelmäßig: meist etwas zu spät, manchmal aber richtig früh.

Sie wollen einen Nagel einschlagen und finden den Hammer nicht. Was tun Sie?
a) Ich suche, bis ich den Hammer gefunden habe, auch wenn es viele Minuten dauert.
b) Ich schlage den Nagel mit der Schmalseite der Kneifzange ein.

Wer hat Ihrer Meinung nach im Beruf mehr Erfolg?
a) Der strebsame Mensch, der seine Arbeit optimal macht.
b) Der »Schleimer«, der es gut mit den Vorgesetzten kann.

Was ist im Beruf wichtiger?
a) Das Erreichte zu sichern.
b) Ständig nach neuen Chancen ausschauen.

Möchten Sie in den nächsten fünf Jahren noch viel Neues erleben?
a) Nein, ich möchte lieber die bisherigen Erfahrungen und Eindrücke vertiefen.
b) Ja – unbedingt. Ohne neue Erfahrungen fühlt man sich alt.

Hätten Sie Lust, eine neue Sprache zu erlernen?
a) Lust vielleicht, aber ich würde dabei wohl nach den ersten Stunden schlapp machen.
b) Ich könnte mich dafür begeistern.

Wenn ich nachts aus dem Schlaf gerissen werde,
a) bin ich meist schnell hellwach.
b) brauche ich längere Zeit, bis ich die Orientierung habe.

Wohin fahren Sie am liebsten in Urlaub?
a) In bekannte Gegenden.
b) An neue Orte.

Wenn ich im Urlaub an bekannten Orten bin,
a) schlage ich dort Wurzeln und entspanne.
b) versuche ich, Land und Leute noch besser zu kennenzulernen.

Wenn ich im Urlaub nichts unternehme und einfach einfach nur die Zeit verrinnen lasse,
a) werde ich immer ruhiger und schalte richtig ab.
b) entdecke ich plötzlich neue innere Seiten an mir.

Neue Bekanntschaften
a) sind mir das allerwichtigste im Leben.
b) mache ich gerne, aber ich muß nicht dauernd jemanden kennenlernen.

Der Reiz, einen neuen Menschen kennenzulernen, liegt für mich vor allem darin, daß ich

a) meine wichtigen Lebenserfahrungen neu austauschen kann.
b) durch die Erfahrungen von anderen bereichert werde.

In einer Gesprächsrunde

a) bin ich absolut der Mensch, der das Wort führt.
b) kann ich reden, aber auch schweigen, Themen vorbringen und genauso gut anderen zuhören.

Wenn ich mich schlecht fühle, ist meine Kleidung

a) genauso perfekt und korrekt wie an anderen Tagen.
b) meist etwas schlampig oder übertrieben originell.

Bei Tisch

a) steht alles immer genau am richtigen Platz.
b) herrscht bei uns meist Chaos, weil dauernd etwas zugereicht werden muß.

Wenn ich ein neues Gericht koche,

a) halte ich mich genau an das Rezept.
b) lasse ich mich vom Rezept inspirieren, aber ich halte mich nicht sklavisch daran.

Was ist für Sie das schönste daran, essen zu gehen?

a) Die Anstrengungen in der Küche zu sparen.
b) Etwas völlig Unbekanntes auszuprobieren.

Beneiden Sie eine Filmschauspielerin, die siebenmal geschieden worden ist?

a) Nein, warum soll ich jemanden beneiden, der wie auf einer Achterbahn lebt – mal im siebten Himmel, mal in seelischer Hölle.
b) Ein bißchen schon – es muß zumindest ein sehr aufregendes Leben gewesen sein.

Was wären Sie in der Regierung lieber?
a) Finanzministerin/Finanzminister
b) Außenministerin/Außenminister

Auswertung:

Persönlichkeitsbeschreibung 1 trifft auf Sie zu, wenn Sie mehr als 17 mal a) angekreuzt haben.
Persönlichkeitsbeschreibung 2 trifft auf Sie zu, wenn Sie 12 bis 17 mal a) angekreuzt haben.
Persönlichkeitsbeschreibung 3 trifft auf Sie zu, wenn Sie weniger als 12 mal a) angekreuzt haben.

EQ-Punkte

Ihr bisheriger Punktestand ______
Bitte schreiben Sie sich 50 Punkte gut, wenn Sie a) so oft angekreuzt haben, daß Sie das zutreffenende Persönlichkeitsbild getroffen haben. Bei Abweichungen von maximal ± 2 schreiben Sie sich 30 Punkte gut. ______
Neuer Punktestand: ______

Test 10

Zeigen Sie Gefühle offen?

Bitte kreuzen Sie zu allen Fragen »Ja« oder »Nein« an.

1. Ich sage immer ganz klar, ob es mir gut oder schlecht geht. Ja ❑ Nein ❑
2. Ich bin wetterfühlig. Ja ❑ Nein ❑
3. Ich entscheide meist »aus dem Bauch heraus« – also nach dem Empfinden und nicht nach der Logik. Ja ❑ Nein ❑
4. Wenn sich jemand meinem/meiner Liebsten nähert, spüre ich Eifersucht. Ja ❑ Nein ❑
5. Ich kann manchmal richtig schlecht gelaunt sein, ohne den Grund dafür zu wissen. Ja ❑ Nein ❑
6. Wenn ich solche Schlechte-Laune-Phasen habe, wünsche ich mir, daß meine Mitmenschen darauf Rücksicht nehmen. Ja ❑ Nein ❑
7. Ärger fresse ich nie in mich hinein. Ja ❑ Nein ❑
8. Wenn mich etwas stört, sage ich das klar und deutlich. Ja ❑ Nein ❑
9. Manchmal bin ich zu Tode betrübt, aber gleich anschließend wieder himmelhochjauchzend. Ja ❑ Nein ❑
10. Als Kind bin ich öfter mal bestraft worden, obwohl ich überhaupt nichts Schlimmes getan hatte. Ja ❑ Nein ❑
11. Meine Eltern haben sich öfter für mich geschämt. Ja ❑ Nein ❑
12. Meine Eltern haben von mir immer erwatet, daß ich sie glücklich mache und bei guter Laune halte. Ja ❑ Nein ❑
13. Ich fühle, daß die meisten Menschen von mir nicht viel halten. Ja ❑ Nein ❑
14. Die anderen Menschen haben nur dann Re-

spekt vor mir, wenn ich »die Muskeln spielen lasse« oder ihnen gegenüber auf andere Weise stark auftrete. Ja ❑ Nein ❑

15. Ich bin nie ganz sicher, wie ich mich anderen Menschen gegenüber verhalten soll. Ja ❑ Nein ❑
16. Ich schenke anderen Menschen mein Vertrauen spät oder nie. Ja ❑ Nein ❑

Bitte geben Sie sich für jedes »Ja« bei den Nummern 1 bis 8 und für jedes »Nein« bei den Nummern 9-16 einen Punkt.

EQ-Punkte

Ihr bisheriger Punktestand ______

Bitte schreiben Sie sich 50 Punkte auf Ihrem EQ-Konto gut, wenn Sie in diesem Test mehr als 12 Punkte erreicht haben, und 30 Punkte, wenn Sie zwischen 8 und 12 Punkte erreicht haben. ______

Neuer Punktestand: ______

Das bedeutet Ihr Ergebnis:

Mehr als 12 Punkte: Sie sind offen in Ihren Gefühlen; so offen, daß andere Menschen Sie manchmal für launisch halten. Aber Sie sind nicht launisch, das reden Ihnen nur Menschen ein, die ihre eigenen Gefühle kontrollieren, verbergen oder sonstwie in den Griff bekommen wollen. Die eigenen Gefühle zu zeigen, ist nicht launisch sein. Launisch sind nur die Menschen, die anderen keine Möglichkeit geben zu verstehen, wie sie sich fühlen. Und mit gefühlskontrollierten Menschen ist schwer umzugehen, denn wer kann wissen, warum sie an der Oberfläche immer so ausgeglichen sind und wie es in ihnen tief drin wirklich aussieht.
8-12 Punkte: Sie geben sich große Mühe, Ihr Gefühlsleben unter Kontrolle zu halten. Launen mögen Sie nicht – weder bei anderen Menschen noch bei sich selbst. Gerne würden Sie der Welt

ein Gesicht zeigen, daß von »immer nur lächeln, immer vergnügt« zeugt. Aber damit überfordern Sie sich. Jeder Mensch hat ein Recht auf schlechte Laune. Er muß es nur mitteilen, damit die anderen wissen, woran sie sind. Wenn Sie das tun, brauchen Sie vor eigenen Launen keine Sorge zu haben, denn Sie und alle Mitmenschen wissen: Der »Anfall« geht schon irgendwann vorüber.

Weniger als 8 Punkte: Sie sind ein Gefühlsmensch: emotional, herzlich, temperamentvoll – aber es gibt auch Stimmungsschwankungen bei Ihnen, und dann wissen die anderen Menschen nicht, wie sie sich Ihnen nähern und was sie von Ihnen halten sollen. Wenn das der Fall ist, sind Sie – auch wenn Sie das Wort nicht akzeptieren – launisch. Launisch ist, wer sich von inneren Stimmungen bewegen läßt, die niemand einschätzen kann. Manchmal ist das auch bei Ihnen der Fall, und es liegt vermutlich daran, daß Sie immer nur die guten Gefühle haben wollen. Wenn Sie auch negative oder trübe Gedanken und Gefühle bei sich akzeptieren könnten, wären Sie innerlich und äußerlich ein viel ausgeglichener Mensch.

Teil 2
EQ-Test für ein besseres Selbst-Management

Test 11

Können Sie Ihre Gedanken kontrollieren?

Test-Teil 1 hatten wir mit einem meditativen Test begonnen, dasselbe wollen wir in Test-Teil 2 ebenfalls tun. Auf Seite 38 haben Sie die Frage gehört: Ist Ihr Kopf Ihr Herr oder Ihr Diener? Erwähnt wurde eine sehr sanfte Meditation: Das Zählen der Atemzüge.
Bitte nehmen Sie sich vor, an einem einzigen Tag die folgenden drei Stufen A, B und C zu durchlaufen:

Übung A
Nehmen Sie ein normales Gummiband von Ihrem Schreibtisch, das locker um Ihr Handgelenk paßt. Treffen Sie bitte eine Vereinbarung mit sich selber. Sie lautet:
Ich werde immer, wenn mir ein Gedanke im Kopf zu kreisen beginnt, ohne daß er zu einem Ergebnis führt, kurz an dem Band zupfen.

Übung B
Treffen Sie bitte eine weitere Vereinbarung mit sich selber. Sie lautet:
Wenn negative, feindselige Gedanken in mir hochkommen – zum Beispiel während ich am Bankschalter darauf warte, bedient zu werden –, beginne ich ein vernünftiges Selbstgespräch, das ungefähr so lauten kann: »Also gut, da sind wieder diese negativen Gedanken. Jetzt ärgert dich die kleine alte Dame, die vor dir dran ist. Don't worry, be happy! Du weißt verdammt genau, daß sie heute früh nicht aus dem Bett gesprungen ist und gejubelt hat: ›Hurra heute kommt der blöde _______________ (setzen Sie hier Ihren Namen ein) *zur Bank. Ich folge ihm, schleiche an ihm vorbei und schwätze dann so richtig gemütlich eine halbe Stunde lang mit der Kassiererin. Ich werde sogar meinen Kugelschreiber vergessen, um noch mehr Zeit zu brauchen, den Abhebungsbeleg zu unter-*

schreiben. Ich kann's gar nicht erwarten, zu sehen, wie der _______________ (setzen Sie hier Ihren Namen ein) *explodiert.‹*

Übung C

Verfeinern Sie dies Selbstgespräch so lange, bis Sie über sich selbst lachen können: der Gedanke, daß eine ältere Frau einen maliziösen Plan aufstellt, nur um Sie zu ärgern ... Treffen Sie bitte eine dritte Vereinbarung mit sich selber. Sie lautet:

Einmal am Tag, wenn mich ein Mensch ärgert, werde ich so lange über die Situation nachdenken, bis ich

- *entweder einen vernünftigen Grund für sein Verhalten entdecke*
- *oder bis ich über die Situation laut lachen kann.*

EQ-Punkte

Ihr bisheriger Punktestand ______

Am _____ habe ich es geschafft, die drei Übungsstufen A, B und C zu durchlaufen. Fehlversuche hat es gegeben

1. am _____ ; beteiligt war: _____________; ausgelassen habe ich Stufe ___ und ___. Grund: _______________
2. am _____ ; beteiligt war: _____________; ausgelassen habe ich Stufe ___ und ___. Grund: _______________
3. am _____ ; beteiligt war: _____________; ausgelassen habe ich Stufe ___ und ___. Grund: _______________
4. am _____ ; beteiligt war: _____________; ausgelassen habe ich Stufe ___ und ___. Grund: _______________
5. am _____ ; beteiligt war: _____________; ausgelassen habe ich Stufe ___ und ___. Grund: _______________
6. am _____ ; beteiligt war: _____________; ausgelassen habe ich Stufe ___ und ___. Grund: _______________
7. am _____ ; beteiligt war: _____________; ausgelassen habe ich Stufe ___ und ___. Grund: _______________

8. am _____ ; beteiligt war: _______________; ausgelassen habe ich Stufe ___ und ___. Grund: ___________________________
9. am _____ ; beteiligt war: _______________; ausgelassen habe ich Stufe ___ und ___. Grund: ___________________________
10. am _____ ; beteiligt war: _______________; ausgelassen habe ich Stufe ___ und ___. Grund: ___________________________

Bitte geben Sie sich für jeden Eintrag in der Tabelle 3 Punkte (maximal können Sie hier also 150 Punkte erhalten) und geben Sie sich noch einmal 150 Punkte, wenn Sie den Zyklus A-B-C durchlaufen haben. ______

Neuer Punktestand: ______

Das bedeutet Ihr Ergebnis:

Emotionale Intelligenz bedeutet, Gefühle, Impulse, Anmutungen und vage Ideen nicht nur wahrzunehmen, sondern auch zu kontrollieren. Es geht dabei vor allem um eine Ausweitung des Geistes, ein Ablassen von Verhaltensweisen, auf die wir fixiert sind, einen Aufschub von schneller Belohnung und Befriedigung.

Das wichtigste dazu ist, die »Windmühlen im Kopf« zu stoppen. Durch das Führen des »Feindseligkeits-Tagebuches« (Seite 44) lernen Sie ja bereits, Ihre negativen Gedanken und Gefühle zu erkennen. Das Gummiband-Zupfen, sobald etwas Negatives hochkommt, kann solche Gedanken stoppen. Ebenso: wenn Sie (im Geiste) so laut Sie können: »Stopp« schreien.

Sehr zur Überraschung aller, die so etwas noch nie probiert haben, stoppen diese Gedanken dann tatsächlich. Und wenn Sie Glück haben, wird dem Ärger, der gewöhnlich diesen Gedanken folgt, Einhalt geboten, bevor er sich entwickeln kann.

Zum Abklingen des Ärgers hilft ein vernünftiges Selbstgespräch, das Sie als vernünftiger Mensch mit sich führen sollten. Und wenn Vernunft es nicht schafft, dann ist Humor eine gute Art, zynisches Mißtrauen abzuwenden und Ärger abzublocken. Aber: Sie müssen über sich selbst lachen und nicht auf Kosten anderer.

Test 12

Wird Ihnen der Stress zuviel?

Stress hat viele unangenehme Eigenschaften – und die schlimmste ist: Wir merken ihn nicht. Dabei gibt es Anzeichen genug. Bitte kreuzen Sie an, was am ehesten auf Sie zutrifft.

	so gut wie nie	selten	oft	so gut wie immer
Ich bin erregbar.	❑	❑	❑	❑
Wenn ich irgendwo in einer Schlange warten muß, werde ich nervös.	❑	❑	❑	❑
Ich bin rot im Gesicht.	❑	❑	❑	❑
Wenn mir mal der Kragen platzt, werde ich beleidigend.	❑	❑	❑	❑
Es ärgert mich, wenn Menschen mich kritisieren.	❑	❑	❑	❑
Im Auto brauche ich die Lichthupe, um Zorn abzulassen.	❑	❑	❑	❑
Meine Freizeit ist vollgepackt mit Aktivitäten.	❑	❑	❑	❑
Zu Terminen komme ich »auf den letzten Drücker« oder zu spät.	❑	❑	❑	❑
Ich kann nicht gut zuhören, ich unterbreche Menschen und setze manchmal sogar ihre Sätze fort.	❑	❑	❑	❑
Ich leide an Appetitlosigkeit oder Völlegefühl.	❑	❑	❑	❑
Ich bin unruhig, ohne zu wissen, wovon.	❑	❑	❑	❑
Mir wird schwindelig.	❑	❑	❑	❑
Ich bin müde, komme innerlich aber nicht zur Ruhe.	❑	❑	❑	❑

	so gut wie nie	selten	oft	so gut wie immer
Mein Gewicht schwankt.	❑	❑	❑	❑
Auch wenn ich sieben oder mehr Stunden geschlafen habe, bin ich morgens wie gerädert.	❑	❑	❑	❑
Ich sorge mich, ob mit meinem Herzen etwas nicht in Ordnung ist.	❑	❑	❑	❑
Ich habe Rücken- / Nackenschmerzen	❑	❑	❑	❑
Wenn ich nervös bin, ...trommele ich mit den Fingern.	❑	❑	❑	❑
...wippe ich im Sitzen mit den Beinen	❑	❑	❑	❑
... »vibriere« ich mit denFüßen hin und her.	❑	❑	❑	❑
Ich suche bei dem, was ich tue, Lob und Anerkennung von anderen.	❑	❑	❑	❑
Ich halte mich für besser als die Menschen um mich herum, aber daß ich es bin, will keiner erkennen.	❑	❑	❑	❑

Bitte geben Sie sich für jedes Mal, bei dem Sie angekreuzt haben:

so gut wie nie	**1 Punkt**
selten	**2 Punkte**
oft	**3 Punkte**
so gut wie immer	**4 Punkte**

EQ-Punkte

Ihr bisheriger Punktestand ______

So viele Punkte haben Sie erreicht: ______

Ziehen Sie diese Punkte ab, wenn das Ergebnis dieses Tests Sie *überrascht* hat; zählen Sie diese Punkte dazu, wenn es Sie *nicht überrascht* hat. ______

Neuer Punktestand: ______

Das bedeutet Ihr Ergebnis:

Weniger als 30 Punkte: Sie leben ohne schädlichen Stress, ruhig und ausgeglichen. Sie gehen an die Probleme des Lebens lässig und ohne falschen Ehrgeiz heran. Sie sind beneidenswert – aber eine Bitte an Sie dennoch: Lassen Sie einen vertrauten Menschen Ihre Antworten durchsehen. Menschen mit einem solch niedrigen Punktwert sehen sich selbst manchmal allzu sehr durch die rosarote Brille.

31 bis 45 Punkte: Ihr Leben ist aktiv und angespannt. Sie haben Stress – positiven im Sinne einer echten Herausforderung, aber auch negativen, nämlich Sorgen und Probleme. Wenn Sie auf diesem Niveau weitermachen wollen (oder müssen, weil SieIhre Lebenssituation nicht ändern können), sollten Sie auf Ruhe und auf freie Zeit ohne Pläne achten. Sie sollten Fitness-Sport betreiben.

46 bis 60 Punkte: Das Leben ist für Sie in starkem Maße ein »Kampf ums Dasein«. Ehrgeiz, Konkurrenz zu anderen Menschen, Besseres sein wollen als andere, zugleich aber auch Abhängigkeit vom Urteil anderer Menschen – das sind die bestimmenden Größen. Das macht Stress, und Sie spüren vielleicht schon, wie dieses Leben Ihnen »an die Nerven geht«, wie Ihre Gesundheit nicht mehr ganz so gut ist wie früher. Sie sollten alle Belastungen, die Sie selbst abstellen können, auch abschaffen: Streit, Ärger, zu hohe Erwartungen an sich selbst und andere, Terminhetze. Wenn Sie weitermachen wie die letzten Jahre, werden Sie vielleicht viel erreichen – aber der Sinn und die Freude am Erreichten werden Ihnen zwischen den Fingern zerrinnen.

Mehr als 60 Punkte: Man muß Sie für Ihre kritische Selbsteinschätzung bewundern. Aber Ihr Punktwert sagt: Sie leben wie jemand, der bei seinem Auto zugleich auf Gas und Bremse tritt. Bitte machen Sie so nicht weiter. Sie haben Stress und Sorgen, Sie haben Verantwortung und Ehrgeiz, aber was nützt es Ihnen, wenn Sie sich auf dem Weg an Ihr Ziel selbst gefährden.

Test 13

Fühlen Sie sich geistig-seelisch unter Druck?

Manche Menschen bleiben heiter, auch wenn ihnen das Leben die ernsten Seiten zeigt. Haben Sie genug von dieser Fähigkeit? Bitte kreuzen Sie alle Aussagen an, denen Sie zustimmen:

- ❑ Menschen, die einfach so in den Tag hineinleben, sind mir unbegreiflich.
- ❑ Ich werde eigentlich ständig von einem kontrollierenden Gewissen begleitet.
- ❑ Jede Sünde nehme ich mir richtig übel.
- ❑ Meine Vorstellung von Religion hat mehr mit »protestantischem« Ernst als mit »barocker« Fröhlichkeit zu tun.
- ❑ Eine der wichtigsten Aufgaben im Leben ist, die eigenen Schwächen zu erkennen.
- ❑ Wer Schwächen bei sich erkannt hat, darf sie nicht tolerieren, sondern muß sie abstellen.
- ❑ Es wäre für mich eine Katastrophe, wenn ich an meinem jetzigen Lebensstandard deutliche Abstriche machen müßte.
- ❑ Ich schlafe meist etwas unruhig und komme morgens selten fröhlich strahlend aus dem Bett.
- ❑ Ich esse jeden Tag Süßigkeiten.
- ❑ Wenn ich aufgeregt bin – gleich ob fröhlich oder traurig –, esse ich oft schnell etwas.
- ❑ Wenn ich Fitness-Sport mache, verlange ich mir meist größere Leistungen ab, als ich eigentlich erbringen möchte.
- ❑ Ich denke im Laufe eines Tages mindestens so viele Minuten daran, daß ich Sport treiben sollte, wie ich wirklich Sport treibe.
- ❑ Meine Lebensgrundsätze sind nur sehr schwer einzuhalten.
- ❑ Oft weiß ich abends gar nicht, was ich den ganzen Tag über getan habe.

- ❑ Ich habe viel zu wenig Zeit, einfach einmal mit Menschen gemütlich beisammenzusitzen.
- ❑ Ich erkenne bei anderen Menschen oft Fehler und weiß, was sie im Leben etwas besser machen könnten.
- ❑ Der Gedanke, irgendwann nicht mehr am Leben zu sein, macht mir Angst.

EQ-Punkte

Ihr bisheriger Punktestand	______
Bitte nehmen Sie die Zahl der Kreuze, die Sie gemacht haben, mit 3 mal:	______
Bitte ziehen Sie sich diese Zahl von Ihrem Konto ab, wenn das Ergebnis dieses Tests Sie **überrascht** hat.	______
Zählen Sie diese Punkte zu Ihrem Konto hinzu, wenn Test-Ergebnis Sie **nicht überrascht** hat.	______
Neuer Punktestand:	______

Das bedeutet Ihr Ergebnis:

Weniger als 8 Kreuze: Sie sind im Moment nicht sehr entspannt. Ihr Streben geht zwar dahin, ausgeglichen zu sein, aber sie versuchen, dies mit Selbstdisziplin und Selbstbeherrschung zu erreichen. Sie verzichten auf viele kleine Freuden, die das Leben bieten kann, Sie fordern sich viel Leistung ab und verfolgen Ziele, die nicht erreichbar wären, wenn Sie Ihr Leben auf Genuß und Entspannung konzentrieren würden. Sie wollen ein vorbildliches Leben führen. Aber Sie sollten vielleicht auch einmal überlegen, daß man ein Vorbild nicht nur in punkto Pflichterfüllung sein kann, sondern auch in punkto Lebensfreude.

8 bis 13 Kreuze: Sie kennen beides: Anspannung und Entspannung. Sie können ein großes Maß an Selbstbeherrschung aufbringen, können aber auch ganz locker, relaxt und ungezwungen sein. Sie verlangen von sich selten etwas, was über die eigenen Kräfte geht. Allerdings gibt es Punkte, bei denen Sie sich selbst unter Stress setzen, wo andere ganz locker bleiben: beim Fertigstellen angefangener Arbeiten oder bei den täglichen »kleinen« Pflichten. Hier sind Sie geradezu pedantisch diszipliniert, weil sie wissen, daß man um diese Dinge doch nicht herumkommt, und daß man sie am besten rasch erledigt, weil sie sonst die innere Fröhlichkeit rauben.

Mehr als 13 Kreuze: Sie hassen Stress, Sie rebellieren gegen Anspannung, sie möchten locker und cool sein. Vermutlich sind Sie in jungen Jahren zu sehr zu Selbstdisziplin und Selbstkasteiung erzogen worden. Das hat Sie unglücklich gemacht, und deshalb ist Ihnen heute alles, was nach Moral und Disziplin aussieht, gleichbedeutend mit Stress, dem man tunlichst aus dem Wege geht. Das ist eine sympathische und nachvollziehbare Lebenseinstellung. Allerdings mit einer Einschränkung: Manchmal muß man sich einen Ruck geben und auch unangenehme Dinge erledigen, sonst sammelt sich – auch bei Ihnen und auch, wenn Sie es nicht direkt spüren – so viel schlechtes Gewissen an, daß Sie sich doch nicht entspannt gehenlassen können. Sie genießen dann die Augenblicke (oder Stunden und Tage) der Ruhe nicht, weil sie innerlich doch unruhig sind.

Test 14

Trauen Sie sich zu vertrauen?

Bitte schreiben Sie die Namen aller Menschen auf, denen Sie sich schon einmal anvertraut haben – je mehr Menschen Sie nennen können, desto besser.

______	______	______
______	______	______
______	______	______
______	______	______
______	______	______
______	______	______
______	______	______

EQ-Punkte

Ihr bisheriger Punktestand ______

Schreiben Sie sich für jeden Eintrag, den Sie machen, 5 Punkte auf Ihrem Punktekonto gut.

Neuer Punktestand: ______

Das bedeutet Ihr Ergebnis:

Sich einem Menschen zu offenbaren, ist ein Akt des Vertrauens. Bekennen Sie vor Ihrem Partner oder einem engen Freund, daß Sie ein Problem durch eine vertrauensarme, feindselige Grundeinstellung zu Menschen haben. Sagen Sie ihnen auch, daß Sie bei Ihren Bemühungen, diese Einstellung zu ändern, Hilfe brauchen. Falls der angesprochene Mensch Sie tatsächlich unterstützen kann, bekommen Sie sofort auch eine Belohnung für das Vertrauen, das Sie gegeben haben. Sie lernen: »Es ist möglich und es ist ungefährlich, anderen Menschen zu vertrauen und sie um Hilfe zu bitten.«

Test 15

Wie gut werden Sie mit Schicksalsschlägen fertig?

Manchmal ist das Leben ungerecht. Wie gut bewähren Sie sich in solch schweren Situationen? Bitte kreuzen Sie einfach an, welche Reaktionen für Sie typisch sind.

Ihr Lebenspartner hat einen Fehler gemacht und entschuldigt sich. Sie verzeihen ihm, weil Sie
1 eigentlich immer alles verzeihen.
2 weil er ansonsten ein lieber Mensch ist.
3 weil Unfrieden auf Dauer mehr Probleme macht als der Fehler, der begangen worden ist.

Jemand hat sich von Ihnen hundert Mark geliehen und gibt das Geld einfach nicht zurück, obwohl Sie darum bitten.
1 Ich verzichte auf mein Geld.
2 Ich höre auf zu bitten und schreibe eine Mahnung.
3 Ich drohe mit dem Rechtsanwalt.

Wenn Sie den Geburtstag einer Freundin vergessen – woran könnte das liegen?
1 Weil ich schusselig und vertrottelt bin.
2 Weil ich mir Geburtstage einfach schlecht merken kann.
3 Das passiert mir nur, wenn es ein wirklich außergewöhnliches Drama in meinem Leben gibt.

Jemand schenkt Ihnen außer der Reihe Blumen. Was denken Sie spontan?
1 Vorsicht! Dieser Mensch will etwas von mir.
2 Dieser Mensch mag mich.
3 Alle Menschen mögen mich.

Sie kochen ein Rezept nach, und es gelingt Ihnen hervorragend. Sie glauben:

1 Da habe ich Glück gehabt.
2 Wenn ich mich anstrenge, klappt es auch.
3 Ich bin eine guter Köchin/ein guter Koch.

Sie spielen seit Jahren Lotto und haben noch nie einen Pfennig gewonnen. Das liegt daran,

1 daß Sie im Leben sowieso selten Glück haben.
2 daß andere Menschen einfach mehr Glück haben.
3 Es ist purer Zufall.

Ihr Auto steht fünf Minuten im Halteverbot, weil Sie rasch etwas in der Reinigung abgeben müssen. Wenn Sie jetzt einen Strafzettel bekommen, dann ist das

1 eine Unverschämtheit der Politesse.
2 hart, aber gerecht, weil man da eben nicht stehen darf.
3 »Künstlerpech«.

Sie haben (früher) auf der Schule ein besonderes Lob für eine Leistung bekommen. Das war

1 unverdientes Glück.
2 die Anerkennung dafür, daß Sie sich besondere Mühe gegeben haben.
3 der gerechte Lohn dafür, daß Sie ein intelligenter Mensch sind.

Wenn Ihr Auto einmal mit leerem Tank liegenbleibt, kann das nur daran liegen,

1 daß Sie zu nachlässig mit der Pflege und Wartung des Autos sind.
2 daß Sie geglaubt haben, das Benzin würde noch bis zur nächsten Tankstelle reichen.
3 daß die Benzinleitung defekt ist.

Sie bitten ein Kind um einen Gefallen, aber es hört nicht auf Sie. Warum wohl?
1 Weil ich mit Kindern nicht umgehen kann.
2 Weil das Kind durch andere Dinge abgelenkt war.
3 Weil Kinder heute zu wenig auf Erwachsene hören.

Sie bemerken Geräusche im Haus und rufen die Polizei. Zum Glück war es blinder Alarm, es gibt keine einzige Spur von Einbrechern. Wie fühlen Sie sich?
1 Beschämt über Ihre Ängstlichkeit.
2 Etwas unwohl, weil Sie den Polizisten unnötige Arbeit gemacht haben.
3 Stolz, weil Sie so wachsam waren.

Ein Raucher bekommt Krebs. Das ist
1 die gerechte Strafe für einen ungesunden Lebenswandel.
2 eine Heimsuchung, die er trotz seines Lebenswandels nicht verdient hat.
3 ein großes Pech. Es gibt ja Raucher, die keinen Krebs bekommen.

Ein ungeübter Skifahrer stürzt und bricht sich ein Bein. Soll die Versicherung ihm Behandlungskosten und Verdienstausfall ersetzen?
1 Nein. Skifahren ist bekanntermaßen gefährlich.
2 Nicht in voller Höhe. Er hätte besser aufpassen müssen.
3 Ja. Die Versicherungen fordern ja immer wieder, daß die Menschen Sport treiben, um fit zu bleiben.

Die Umweltschäden heute sind so groß, daß
1 wir überhaupt nicht mehr verhindern können, davon irgendwann krank zu werden.
2 daß die Menschheit nur noch durch eine weltweite ökologische Revolution zu retten ist.
3 daß wir immer stärker darauf achten müssen, was wir essen und welche Luft wir atmen.

Glauben Sie, daß es irgendwann keine Kriege mehr geben wird?
1 Nein, weil die Menschen schlecht sind.
2 Ja – aber erst, wenn wir eine wirklich gerechte Weltordnung erreicht haben.
3 Nein – aber viele Kriege können verhindert werden, wenn die aggressiven Staaten und Gruppen wissen, daß sie ihre Interessen auf friedlichem Wege besser durchsetzen können.

EQ-Punkte

Ihr bisheriger Punktestand ______
Zählen Sie bitte einfach die Zahlen zusammen, die Sie angekreuzt haben ______
Zählen Sie diese Punkte zu Ihrem „Konto" hinzu.
Neuer Punktestand: ______

Das bedeutet Ihr Ergebnis:

Mehr als 35 Punkte: Sie werden mit Schicksalsschlägen sehr gut fertig. Wenn die Probleme größer werden, wachsen Ihnen neue Kräfte zu. Sie verlieren nie den Glauben, daß es auch für komplizierte Situationen Lösungen geben kann. Sie grübeln nicht sehr lange über Probleme nach, sondern überlegen lieber, was Sie tun können. Viele Menschen verlieren durch schlechte Erfahrungen den Lebensmut, Sie aber nicht, Sie geraten höchstens in einen heilsamen Zorn, wenn das Schicksal mit Ihnen oder den Menschen, die Ihnen lieb sind, zu hart verfährt. Und daraus gewinnen Sie neue Energie, um sich allen Schwierigkeiten zu stellen.

25 bis 35 Punkte: Sie haben viel Kraft, wenn das Schicksal Ihnen hart mitspielt. Schicksalsschläge sehen Sie als Herausforderungen an, bei denen Sie sich in besonderer Weise bewähren wollen. Das gelingt Ihnen meist, und viele Menschen bewundern Sie dafür, daß Sie sich in schweren Zeiten nicht hängenlassen. Aber auch Sie können noch mehr Erfolg bei der Bewältigung von Schicksalsschlägen haben, wenn Sie es schaffen würden, das Leben etwas leichter zu nehmen. Sie vertrauen etwas zuwenig auf das Glück, auf günstige Umstände, auf positive Überraschungen und auf den »Kommissar Zufall«, der ja schwierige Fragen manchmal besser löst als die Experten mit all ihrem Sachverstand.

Weniger als 25 Punkte: Sie brauchen viel Kraft, wenn das Schicksal mit Ihnen ungerecht verfährt. Manchmal fragen Sie sich: »Warum trifft es wieder mich? Warum habe ich nicht etwas mehr Glück?« Schicksalsschläge haben Sie vorsichtig werden lassen. Ihre besondere Stärke liegt deshalb darin, mögliche Gefahren frühzeitig zu erkennen. »Vorbeugen ist besser als heilen«, ist Ihnen ein wichtiges Lebensprinzip. Und deshalb schaffen Sie es, daß das Schicksal Ihnen nicht viel anhaben kann. Wenn Sie dennoch einmal in schwierige Situationen kommen, ist der beste Rat für Sie: andere Menschen um Hilfe bitten. Auch Sie haben sicher schon die Erfahrung gemacht: In der Not verliert man manchmal Freunde, aber man findet dann immer auch neue Freunde, von denen man bisher gar nichts gewußt hat.

Test 16

Sind Sie selbst ihr größter Feind?

Eines der größten Hemmnisse für die Entwicklung der *Emotionalen Intelligenz* ist, daß wir uns selbst das Leben unnötig schwermachen, weil wir unbewußt gegen unsere eigenen Interessen arbeiten. Tun Sie es? Bitte kreuzen Sie alle Aussagen an, die zu Ihrem Leben passen.

- ❑ Sie sind gerade 20 Minuten gejoggt. Danach fühlen Sie sich kaputt und niedergeschlagen.
- ❑ Eine Frau sucht eine feste Bindung. Zwei Männer fahren mit einem Auto vor, Ferrari und VW. Sie setzt sich in den VW.
- ❑ Partys, Feiern und lustige Leute sind für mich eher belastend. Wenn andere feiern, finde ich mich meist nicht gut rein.
- ❑ Ein Kind hat sich eine zu große Aufgabe vorgenommen. Wenn dies Kind an seiner Aufgabe verzweifelt, würde ich es auffordern, so lange weiterzumachen, bis es Erfolg hat.
- ❑ Ich lasse mir nicht gerne helfen, auch wenn ich Hilfe brauchen könnte.
- ❑ Wenn ich die Probleme von anderen Menschen löse, bin ich geschickter, als wenn ich meine eigenen Problem zu lösen versuche.
- ❑ Ich kann mich nicht richtig freuen, wenn ich Erfolge habe.
- ❑ Ich habe oft Krach mit anderen Menschen.
- ❑ Menschen, die ständig freundlich zu mir sind, langweilen mich irgendwie.
- ❑ Oft habe ich einen so strengen Ton, daß sich andere dadurch verletzt fühlen.
- ❑ Wenn Menschen mir etwas Gutes tun wollen, wehre ich das meist ab.
- ❑ Mich haben Freunde schon oft enttäuscht.
- ❑ Auf Parties führe ich ganz selten nur das große Wort.

- ❑ Ich bin sehr friedlich. Aber wenn ich mal aus der Haut fahre, staunen die Leute, wie aggressiv ich sein kann.
- ❑ Ich bin so hilfsbereit, daß ich anderen Menschen sogar helfen, wenn sie meine Hilfe gar nicht brauchen.

EQ-Punkte	
Ihr bisheriger Punktestand	______
Bitte schreiben Sie sich für jedes Kreuz, das Sie nicht gemacht haben (also für jedes leer gebliebene Kästchen) 5 Punkte gut.	______
Neuer Punktestand:	______

Das bedeutet Ihr Ergebnis:

Weniger als 4 Kreuze: Sie haben eine gute Art, für Ihre Interessen zu sorgen. Sie tun im Leben das, was gut für Sie ist – ohne daß dies auf Kosten anderer Menschen geschieht. Behalten Sie diesen Lebensstil bei. Auf Ihre Weise werden Menschen glücklich und zufrieden.
5-11 Kreuze: Sie nehmen sich selbst nicht wichtig genug. Sie sind zu gutmütig – so in dem Stil »Bevor ich jemanden bitte, habe ich es selbst schon gemacht«. Diese Haltung macht Menschen pflegeleicht. Solche Menschen sind für die Mitmenschen praktisch, weil sie keine Probleme machen. Aber sie selbst kommen dabei im Leben zu kurz.
Mehr als 11 Kreuze: Ohne es zu wissen, arbeiten Sie gegen Ihre eigenen Interessen. Sie richten sich nach den anderen, tun Ihnen Gefallen und wollen ihnen gefallen. Aber Sie bekommen zu wenig dafür zurück. Es gibt einen harten Satz, der Ihre Lage aber manchmal trifft: »Wer sich zum Teppich macht, darf sich nicht wundern, wenn auf ihm herumgetrampelt wird.« Versuchen Sie, mehr auf Ihre Interessen zu achten. Der erste Schritt: Sie müssen überhaupt einmal Ihre eigenen Interessen formulieren.

Test 17

Wird Ihre Diät diesmal anschlagen?

***Emotionale Intelligenz* hat viel mit dem erfolgreichen Zusammenspiel zwischen Körper, Geist und Seele zu tun. Ein Beispiel dafür ist Gewichtskontrolle. Die richtige Einstellung zu sich selbst ist hier wichtiger als Kalorienzählen. Ist Ihre Einstellung zum Schlankwerden zur Zeit okay?**
Bitte schätzen Sie zuerst ein, wie gut Ihre Chancen sind, wenn Sie jetzt eine Diät machen würden:

❑ gut ❑ mittel ❑ nicht gut

Wie oft haben Sie schon versucht abzunehmen?
1 Ein paar Mal in meinem Leben.
2 Noch nie.
3 Mindestens zweimal jedes Jahr.

Wenn ich mich nackt im Spiegel anschaue, bin ich
1 erheitert.
2 sorgenvoll.
3 verzweifelt.

Andere Menschen machen mir Druck, ich müsse abnehmen – und zwar:
1 etwas.
2 deutlich.
3 total.

Wenn ich daran denke, bald nicht mehr alles essen zu dürfen, sage ich mir:
1 »Das wird ganz schön hart und heavy.«
2 »Das schaffst du schon irgendwie.«
3 »Das mußt du einfach hinkriegen.«

Halten Sie feste Essenzeiten ein?
1 Meistens oder immer.
2 Ja – aber meist kommt zwischendurch immer noch etwas dazu.
3 Nein – ich versuche, Essen so lange zu meiden, wie es geht.

Hat sich durch diesen kleinen Test Ihr Glaube an den Erfolg einer Diät verändert?
1 Verbessert.
2 Glaube und Hoffnung sind gleichgeblieben.
3 Ich habe etwas Glauben an die Sache verloren.

EQ-Punkte

Ihr bisheriger Punktestand ______

Bitte rechnen Sie die angekreuzten Zahlen zusammen. Das ergibt Ihre Punktzahl. Schreiben Sie sich 50 Punkte gut, wenn Ihre anfängliche Einschätzung der Chancen einer Diät mit Ihrem Testergebnis übereinstimmt. ______

Neuer Punktestand: ______

Das bedeutet Ihr Ergebnis:

Weniger als 8 Punkte: Ihre Chancen, daß eine Diät diesmal anschlagen könnte, sind gut. Sie sind Diät-erfahren, Sie machen sich nichts vor über schnelle Erfolge, und sie wissen auch, daß es Rückschläge geben kann. Diese Einstellung ist realistisch, und deshalb rücken Sie Ihren Pfunden seelisch gefestigter als andere Menschen – oder als Sie selbst zu anderen Zeiten – »zu Leibe«.
8-13 Punkte: Sie sind innerlich noch nicht optimal auf Abnehmen eingestellt. Ihr Verstand sagt Ihnen zwar, daß Sie weniger wiegen sollten. Sie können sich den Zustand, schlanker zu sein, auch in hellen Farben ausmalen. Beides ist positiv. Aber sie fürchten sich vor der Zeit des Abnehmens. Freude kommt bei Ihnen nicht auf. Und das ist negativ. Deshalb ist das Risiko groß, daß Sie irgendwann von Ihrer selbstverordneten Diät abweichen.

Mehr als 13 Punkte: Im Moment ist nicht Ihre Zeit für eine Diät. Sie haben zu viel Hektik, zuviel Sorgen, zuviel Stress. Eine Diät würde Ihnen zu viel Energie rauben. Trotzdem können Sie etwas gegen Ihr Gewicht tun, was langfristig besser ist, als schnell ein paar Pfunde zu schmeißen, die genauso schnell wieder zurückkommen. Essen Sie regelmäßig zu festen Zeiten, essen Sie langsam, und essen Sie mit Appetit. Sie sollen alles, was Sie essen, auch schmecken und mit gutem Gewissen genießen. Paradox? Nein. Probieren Sie es aus. Sie werden sehen, daß Sie auf diesem Wege im Laufe eines Tages sehr viel weniger essen, als wenn Sie sich jeden Brocken in den Mund hineinzählen.

Test 18

Sind Sie emotional pflegeleicht?

. . . oder gehen Stimmungen und Temperament manchmal mit Ihnen durch? Sagen Sie zu den folgenden Sätzen einfach »Ja« oder »Nein«

1	Man sieht mir meine Stimmung immer direkt an.	Ja ❑	Nein ❑
2	Wenn ich auf einen Menschen böse bin, sage ich es ihm gerade heraus.	Ja ❑	Nein ❑
3	Wenn ich auf einen Menschen böse bin, rede ich nicht, sondern lasse es ihn spüren.	Ja ❑	Nein ❑
4	Wenn mir jemand dumm gekommen ist, braucht er lange, bis er bei mir wieder eine Chance bekommt.	Ja ❑	Nein ❑
5	Ich merke schon an kleinen Dingen, ob mir jemand übel will.	Ja ❑	Nein ❑
6	Alle paar Tage ist mir, als könnte ich die Welt umarmen.	Ja ❑	Nein ❑
7	Ich fühle mich eigentlich bei fast allen Menschen heimisch.	Ja ❑	Nein ❑
8	Wenn ich traurig bin, weiß ich immer einen Menschen, der mich wieder aufrichtet.	Ja ❑	Nein ❑
9	Oft fühle ich mich belästigt, wenn Menschen mich fragen: »Wie geht's?«	Ja ❑	Nein ❑
10	Wenn Menschen tiefer in mein Seelenleben eindringen wollen, werde ich verschlossen, wie eine Auster.	Ja ❑	Nein ❑
11	Bei Streit suche ich meist als erster Versöhnung.	Ja ❑	Nein ❑
12	Feiernde, fröhliche Menschen sind mir oft zu primitiv.	Ja ❑	Nein ❑
13	Manchmal leide ich selbst unter meinen Stimmungen.	Ja ❑	Nein ❑

14 Manchmal sagen Menschen, ich bin launisch ... Ja ❑ Nein ❑

15 ... das macht mich dann wirklich sauer. Ja ❑ Nein ❑

Bitte geben Sie sich 1 Punkt, wenn Sie bei Fragen 1, 2, 6, 7, 8 und 11 »Nein« und bei 3, 4, 5, 9, 10, 12, 13, 14, 15 »Ja« geantwortet haben.

EQ-Punkte

Ihr bisheriger Punktestand _____

Bitte schreiben Sie sich 30 Punkte gut, wenn Sie „Weniger als 6 Punkte" erhalten haben. _____

Neuer Punktestand: _____

Das bedeutet Ihr Ergebnis:

Weniger als 6 Punkte: Sie haben ein ausgeprägtes Seelenleben. Sie reagieren auf die Welt. Ihre Stimmungen wechseln – auch aufgrund Ihres »Innenlebens«. Aber Ihr großer Vorteil ist: Sie geben Ihren Mitmenschen keine Rätsel auf. Deshalb sind Sie nicht launisch. Sie werden als temperamentvoll empfunden, weil Sie es schaffen, Ihre Mitmenschen in Ihre Gefühle und Gedanken mit einzubeziehen.

6 bis 10 Punkte: Ihnen fällt es nicht immer leicht, den Mitmenschen Ihre innere Gefühlswelt mitzuteilen. Sie haben dabei vielleicht schlechte Erfahrungen gemacht. Deshalb versuchen Sie, nicht alles nach außen dringen zu lassen, was Sie innerlich bewegt – aber das gelingt uns Menschen nicht immer optimal. Oft sieht man uns an, daß etwas mit uns ist. Und wenn die anderen das spüren, aber keine Erklärung bekommen, dann halten sie uns für launisch.

Mehr als 10 Punkte: Sie werden öfter für launisch gehalten als Sie glauben (und leider auch: als manche Menschen sich Ihnen zu sagen trauen). Der Grund ist einfach – und einfach abzustellen. Menschen wissen bei Ihnen nicht genau, woran sie sind. Wenn Sie fröhlich sind, haben Sie einen so hinreißenden Charme, daß alle Welt sich an Ihnen und mit Ihnen freut. Aber wehe, Sie sind nicht fröhlich. Dann denkt jeder: »Was habe ich dem, was habe ich der schon wieder getan?« Ein Vorschlag für Sie: Fühlen Sie in sich hinein. Und wenn Sie sich nicht »super« fühlen, sagen Sie es den anderen Menschen. Manchmal hilft es, einen Grund anzugeben – das Wetter zum Beispiel. Denn, was viele Menschen nicht wissen, aber auf Hinweis akzeptieren: Das äußere Klima bestimmt auch unsere seelischen Wetterlagen und das Klima unter Menschen stark mit.

Test 19

Leisten Sie sich Illusionen?

Erlauben Sie sich ab und zu einen kleinen Selbstbetrug? Oder ist dies ein Zeichen von Unreife? Sagen Sie zu den folgenden Aussagen einfach »Ja« oder »Nein«

1	Ein kranker Mensch sollte jederzeit schonungslos über jedes Risiko aufgeklärt werden.	Ja ❑	Nein ❑
2	Manchmal öffne ich die Briefe mit meinen Kontoauszügen von der Bank nicht.	Ja ❑	Nein ❑
3	Ich sehe mir jeden Tag genau die Fernsehbilder aus Kriegsgebieten an.	Ja ❑	Nein ❑
4	Die Bettler und Obdachlosen, die man heute auf der Straße sieht, belasten mich seelisch.	Ja ❑	Nein ❑
5	Wenn Menschen sich lieben, sollten sie das allen zeigen und auch auf offener Straße schmusen und sich küssen.	Ja ❑	Nein ❑
6	Jeder Raucher sollte sich jeden Tag ein Bild einer krebskranken Lunge anschauen.	Ja ❑	Nein ❑
7	Wenn das Fernsehen jeden Tag Bilder von hungernden Kindern zeigen würde, würde für die Kinder mehr getan.	Ja ❑	Nein ❑
8	Waren und Dienstleistungen, die mit Sex verkauft werden, boykottiere ich.	Ja ❑	Nein ❑
9	Wenn Menschen Ringe tragen, die zeigen, daß sie aus einer adligen Familie stammen, finde ich das heute eher peinlich.	Ja ❑	Nein ❑
10	Nur wer jeden Schmerz an sich heranläßt, kann das Leben meistern.	Ja ❑	Nein ❑
11	Ich achte immer genau darauf, ob Menschen korrekt gekleidet sind.	Ja ❑	Nein ❑

12 Ein erwachsener Mensch muß auch bei einem Unfall mit Schwerverletzten hinschauen können. Ja ❑ Nein ❑

13 Werbespots mit Kindern sollten eigentlich verboten werden. Ja ❑ Nein ❑

14 Sich Schminken und Pflegen ist – genau besehen – eine Form der Unehrlichkeit. Man sollte den Menschen ein ehrliches Gesicht und keine Fassade zeigen. Ja ❑ Nein ❑

15 Es ist ein positives Zeichen, wenn Menschen sich schöner finden als sie sind. Ja ❑ Nein ❑

Bitte geben Sie sich 1 Punkt, wenn Sie bei 2, 4, 8, 9, 13, 15 »Ja« und bei 1, 3, 5, 6, 7, 10, 11, 12, 14, »Nein« angekreuzt haben.

EQ-Punkte:

Ihr bisheriger Punktestand ______

Bitte schreiben Sie sich das Doppelte der Punkte, die Sie in diesem Test erreicht haben, gut. Grund: für denUmgang mit den eigenen Gefühlen und den Gefühlen andere Menschen sind Träumereien und Illusionen wichtiger als nüchterner Realismus. ______

Neuer Punktestand: ______

Das bedeutet Ihr Ergebnis

Weniger als 8 Punkte: Sie sind durch und durch Realist. Für Sie gelten Tatsachen, und von einem Menschen, der in Hoffnungen und Phantasien lebt, haben Sie keine sehr gute Meinung. Sie halten Illusionen für kindlich. Wer erwachsen sein und im Leben Erfolg haben will, der darf Ihrer Meinung nach vor keiner Tatsache die Augen verschließen. Meist kommen Sie mit dieser Einstellung gut zurecht. Aber es würde Ihnen noch besser gehen, wenn Sie Ihre Wünsche und Träume besser kennen und ernster nehmen würden. Denn nicht nur der Verstand sagt einem, wo es im Leben wirklich »lang geht«.

8-12 Punkte: Sie gehen mit wachen Augen und klarem Verstand durchs Leben. Sie sehen allen Tatsachen ins Auge, machen sich selbst nichts vor, und man kann Ihnen auch nichts vormachen. Aber eigentlich sind Sie so etwas wie ein Realist wider Willen. Mehr Freude finden Sie, wenn Sie die Welt nicht nur so sehen, wie sie wirklich ist, sondern sich eine bessere Welt ausmalen können, in der es alle Menschen leichter und schöner haben. Und weil Sie daran glauben, daß solch eine Welt nicht von Realisten, sondern eher von Träumern geschaffen wird, schlägt Ihr Herz sehr stark für die Menschen, die an dem Bösen vorbeisehen, weil sie sonst den Blick für das Gute verlieren.
Mehr als 12 Punkte: Sie sind ein Mensch, der viel Sympathie und Mitleid mit anderen Menschen hat. Deshalb schauen Sie im Leben öfter weg als hin, weil das viele Leid, das uns ja alle umgibt, für Sie schwerer zu ertragen ist als für die meisten Menschen. In Ihrer Phantasie sind Sie genauso gut zu Hause wie in der Realität. Lassen Sie sich von keinem Menschen von dieser Haltung abbringen. Lebensmut und Lebenskraft kommen ja nicht aus dem Verstand, sondern kommen von »tiefer drinnen«, von den Stellen, an die die Gedanken nicht immer hinreichen, wohl aber die Phantasie.

Test 20

Wie sehen Ihre geheimen sexuellen Wünsche aus?

Kennen Sie Ihre sexuellen Gefühle so gut, daß die Gefühle Ihnen dienen (und nicht Sie den Sex-Gefühlen)? Grob gesprochen: Was wünschen Sie sich?
A mehr sexuelle Experimente
B Hemmungen abzubauen
C Zärtlichkeit statt Abenteuer
Entscheiden Sie sich bitte bei den Fragen jeweils für eine von drei Antwortmöglichkeiten.

Wenn Eheleute miteinander reden: Was vermissen Frauen am meisten?
❑ Interesse an ihrem eigenen Leben.
◊ Themen, die nichts mit dem eigenen Alltag zu tun haben.
❍ Interessante Informationen aus dem Leben des Partners.

Welches ist der größte Fehler, den Männer in der Liebe machen?
❑ Sie geben zu wenig Geborgenheit.
❍ Sie werden zu schnell langweilig.
◊ Sie nehmen zu wenig Rücksicht auf die Frau.

Wenn Sexualität nicht zufriedenstellt – wer muß sich ändern?
◊ In erster Linie der Mann.
❑ In erster Linie die Frau.
❍ Beide.

Wie oft sollte eine Frau dem sexuellen Drängen Ihres Partners nachgeben?
❑ Eigentlich immer.
❍ Etwas öfter als ihr eigentlich lieb ist.
◊ Nur wenn sie selbst Lust verspürt.

Es kommt vor, daß eine Frau sich ihrem Mann verweigert. Welchen Grund lassen Sie dafür gelten?
◊ Sie fühlt sich ausgenutzt.
❑ Sie fühlt sich ungeliebt.
❍ Sie ist nicht »in Stimmung«.

Was müßte ein Mann, der Sie verführen könnte, vor allem besitzen?
❑ Selbstsicherheit.
◊ Charme.
❍ Rücksichtnahme.

Eine Frau sollte ihre weiblichen Reize
❑ allein für einen einzigen Mann reservieren.
❍ einsetzen, um dem eigenen Partner zu zeigen, daß er nicht der einzige attraktive Mann ist.
◊ einsetzen, um ihre eigene Attraktivität zu testen.

Haben Sie beim Geschlechtsverkehr je an andere Männer gedacht?
❑ Ganz selten oder nie.
❍ Öfter mal.
◊ Ziemlich regelmäßig.

Frauen heute sind sexuell meist ungezwungener als die Generation vor 20 Jahren. Das macht das Leben dieser Frauen
❍ interessanter.
❑ einfacher.
◊ beneidenswert.

Ein einmaliges Abenteuer »nebenbei«
◊ wäre eine angenehme Abwechslung.
❍ könnte vielleicht eine interessante Erfahrung sein.
❑ würde mein Leben völlig verändern.

Wenn ich in einen Menschen richtig verknallt bin,
◊ darf mein Partner sexuell alles mit mir machen.
❑ freue ich mich über einen sexuell fordernden Partner.
❍ bin ich sexuell gerne der aktivere Teil der Partnerschaft.

Nicht jeder, der sexuell an Ihnen interessiert war, hat bei Ihnen Erfolg gehabt. Welche abgewiesenen Bewerber würden Sie heute erhören?
❑ Genau wie früher: keinen.
❍ Die bescheideneren.
◊ Die, die mir damals zu extrem und extravagant waren.

Sexuell fühle ich mich heute
❑ überfordert.
❍ falsch gefordert.
◊ unterfordert.

Sexualität im Leben einer Frau
◊ ist das Wichtigste überhaupt.
❑ wächst langsam und wird immer wichtiger.
❍ ist eine schöne Beigabe.

Wie bekommt eine Frau den Mann, der ihre Sehnsüchte erfüllt?
❍ Durch Liebe auf den zweiten Blick.
❑ Durch Glück. Durch einen wunderschönen Zufall.
◊ Nur, wenn sie selbst aktiv danach sucht.

EQ-Punkte

Ihr bisheriger Punktestand ______
Bitte geben Sie sich 50 Punkte, wenn Sie die Buchstaben und Symbole in folgende Übereinstimmung gebracht haben:
A angekreuzt und überwiegend ◊ angekreuzt
B angekreuzt und überwiegend ❑ angekreuzt
C angekreuzt und überwiegend ❍ angekreuzt ______
Neuer Punktestand: ______

Und das bedeutet Ihr Ergebnis:

Sie haben überwiegend ◊ angekreuzt: Sie haben geheime sexuelle Wünsche. Diese Wünsche gehen so weit, daß Sie sich manchmal vorstellen können, mit einem neuen Partner aus Ihrem jetzigen Leben auszubrechen – und sei es nur ein einziges Mal und nur für ein paar Stunden. Was diesen Gedanken reizvoll machen könnte? Ihr Liebesleben verläuft in festen Bahnen. Und Sie wissen, daß Sie daran im Prinzip nichts ändern wollen, oder spüren, daß Sie hier nur schwer etwas ändern können. Einen wirklich neuen Impuls erwarten Sie sich also nur von einem »unbekannten Dritten«. Vielleicht aber unterschätzen Sie Ihre eigenen Möglichkeiten. Wenn Sie nicht warten, sondern Initiative übernehmen, machen Sie vermutlich eine wichtige Entdeckung. Nämlich: daß sich sogar der Mensch an Ihrer Seite, von dem Sie es eigentlich überhaupt nicht erwarten, ändern kann.

Sie haben überwiegend ❍ angekreuzt: Viele sexuelle Wünsche, die andere Menschen haben, lassen Sie völlig kalt. Aber auch Sie sind nicht einfach nur wunschlos glücklich. Sie suchen kein Abenteuer, keinen Flirt, keinen Partnerwechsel, keinen Ehebruch und auch nicht »ein bißchen bi«, wie es eine neue Zeitschrift für junge Frauen in großen Buchstaben auf dem Titelseite verkündet. Was Sie innerlich bewegt? Sie haben mit einem für Sie sehr wichtigen Menschen gute sexuelle Erfahrungen gemacht – und mit diesem Menschen hätten Sie gerne mehr erlebt: noch ungezwungener sein, Ihren eigenen Eingebungen mehr folgen, nicht immer dem ersten sexuellen Impuls nachgeben, sondern erfahren, wie die Welt dahinter wohl aussehen könnte. Sie wissen, daß sich tiefe Gefühle nur zeigen, wenn man ihnen Zeit läßt und wenn man dem Partner völlig vertraut. Diesen Menschen und dieses Maß an Zeit und Ruhe mit ihm zu finden – das ist vielleicht ihr größter sexueller Wunsch.

Sie haben überwiegend ❑ angekreuzt: Sie sind sexuell begehrt – aber sie fühlen sich nicht ausreichend geliebt. Und Ihr größter geheimer sexueller Wunsch geht dahin, daß der Mensch, dem Sie Ihre Liebe schenken, diesen Unterschied begreift. Das klingt sehr »bescheiden«. Aber alle Lebenserfahrung zeigt, daß dies der größte sexuelle Wunsch sehr vieler – wenn nicht der meisten – Frauen ist. Es ist also ein sehr großer Wunsch. Warum wird er zu selten erfüllt? Vielleicht liegt es daran, daß Frauen ihn zu oft geheimhalten. Frauen werden immer noch dazu erzogen, zu geben und nicht zu fordern, zu erwarten, aber nicht zu verlangen und die eigenen Liebeswünsche denen des Mannes unterzuordnen. Das aber kann in der heutigen Zeit nicht gutgehen. Heute muß wohl jeder Mensch etwas mehr Mut haben, die eigenen Wünsche deutlich mitzuteilen.

Teil 3
EQ-Test für eine bessere Selbst-Motivation

Test 21

Können Sie Ihr Verhalten kontrollieren?

Ebenso wie in Test-Teil 1 und 2 wollen wir mit einem meditativen Test beginnen. Erneut die Frage: Ist Ihr Kopf Ihr Herr oder Ihr Diener?
Gefühle und die sie begleitenden Gedanken zu kontrollieren, macht Sinn, wenn daraus emotional intelligentes Verhalten folgt. Bitte nehmen Sie sich vor, an einem einzigen Tag die folgenden drei Stufen A, B und C zu durchlaufen:

Test/Übung: Entspannen durch Meditation
Bisher haben Sie gelernt, Ihre negativen und feindseligen Gedanken durch

- **Gedanken-Stopp**
- **durch ein vernünftiges Selbstgespräch oder durch**
- **Lachen über sich selbst**

abzubiegen. Wenn das alles nichts nützt, brauchen Sie eine wirkungsvollere Technik: Meditation. Meditation ist vermutlich die effektivste Methode, den eigenen Geist von allen Gedanken zu leeren.

Setzen Sie sich gerade und ruhig in einen bequemen Sessel, lassen Sie Ihr Kinn bequem auf Ihrer Brust ruhen und legen Sie die Arme in Ihren Schoß. Schließen Sie die Augen. Richten Sie Ihre Aufmerksamkeit auf Ihren Atmen. Nehmen Sie zur Kenntnis, wie Sie einatmen und ausatmen, spüren Sie, wie der Fluß der Luft die Membranen in Ihrer Nase und Ihrem Mund berührt und bemerken Sie das Gefühl,wie sich Ihre Lungen füllen und leeren.
Nachdem Sie dies einige Atemzüge lang getan haben, fangen Sie an, ein einfaches Wort zu sagen – gleich ob sinnvoll oder sinnlos. Es ist aber vernünftig, ein Wort zu wählen, das dem Ziel, das Sie

erreichen wollen, entspricht.Zum Beispiel: Friede, Liebe, Vertrauen oder Ruhe. Probieren Sie verschiedene Wörter durch, eins wird am besten »funktionieren«.

Anfangs werden Ihre Gedanken sofort wieder in IhrenKopf eindringen. Machen Sie dennoch weiter, konzentrieren Sie sich auf Ihren Atem und sagen Sie bei jedem Ausatmen »Ihr« Wort. Mit der Zeit und mit weiterer Übung werden eindringende Gedanken weniger problematisch werden.

Wenn Sie diese Übung zehn bis 15 Minuten lang zwei Mal am Tag machen, sind Sie nach einer oder zwei Wochen in der Lage, eine Kurzform anzuwenden. Wann immer Sie spüren, daß negative und feindselige Gedanken in Ihnen aufsteigen, fangen Sie an Ort und Stelle an zu meditieren: Sie brauchen dazu keine Yogaposition einzunehmen, Ihre Augen zu schließen oder sonst etwas zu tun, was in der Öffentlichkeit albern wirkt. Verankern Sie Ihre Aufmerksamkeit einfach auf irgendein Objekt in Ihrer Nähe, konzentrieren Sie sich auf Ihren Atem und sagen Sie »Ihr« Wort ruhig und jedes Mal, wenn Sie ausatmen.

EQ-Punkte

Ihr bisheriger Punktestand ______

Wenn Sie die Sache mit der *Emotionalen Intelligenz* wirklich ernstnehmen möchten, können Sie sich für jeden Tag, an dem Sie die erwähnte Entspannungs-Meditation machen, 50 Punkte auf Ihrem EQ-Konto gutschreiben (und dadurch andere Defizite ausgleichen – Sie werden sehen, daß Meditation Mängel bei der *Emotionalen Intelligenz* hervorragend ausgleicht). ______

Neuer Punktestand: ______

Machen Sie das, solange Sie in einer Schlange oder vor einer roten Ampel oder auf einen Fahrstuhl warten oder was immer das Problem ist. Diese Übung wird Ihren Geist von eingeprägten Denkmustern abbringen. Sie ist ein Mittel gegen den Ärger, den

Sie möglicherweise spüren wenn die feindseligen, negativen Gedanken bereits Platz ergriffen haben.
Sie werden sich vielleicht fragen, ob durch diese Methode Ihr Ärger nur unterdrückt und »konserviert« wird. Sie haben vielleicht irgendwann gehört, daß es gut ist, wenn man Wut und Ärger sofort aus dem System kriegt.

Ärger zu zeigen ist unter Menschen nur dann produktiv, wenn er etwas verändert. Wenn andere Menschen aber nicht sehen können, was ein bestimmter Ärger in einer bestimmten Situation produktiv schaffen soll, werden Sie ebenfalls mit Feindseligkeit reagieren.

Test 22

Sind Sie bereit zur Selbstdisziplin?

***Emotionale Intelligenz* hat praktischen Nutzen. Sie kann uns vor überflüssigen Risiken bewahren. Überflüssige Risiken werden aus innerer Überzeugung eingegangen. Bitte erinnern Sie sich an Gebiete Ihres Lebens, auf denen spontane Impulse Ihre langfristig richtigen Vorhaben zunichte machen:**

- Ernährung ______ ______ ______
- Drogen ______ ______ ______
- Sport ______ ______ ______
- Alkohol ______ ______ ______
- Gewicht ______ ______ ______
- Geld ______ ______ ______
- Kontakte ______ ______ ______
- Pflichten ______ ______ ______
- ______ ______ ______ ______
- ______ ______ ______ ______
- ______ ______ ______ ______
- ______ ______ ______ ______

Bitte ergänzen Sie diese Liste, indem Sie links senkrecht andere Gebiete eintragen und waagerecht jeweils Beispiele aus diesen Gebieten, auf denen Sie »gesündigt haben«.

EQ-Punkte

Ihr bisheriger Punktestand ______

Bitte geben Sie sich einen Punkt für jedes Feld, das Sie im Schema füllen. (Sie können natürlich auch mehr Dinge aufschreiben als der hier vorgesehene Platz zuläßt.)

Neuer Punktestand: ______

Test 23

Machen Sie Fehler beim Selbst-Management?

Bitte suchen Sie ein Gebiet heraus, auf dem Sie sich ändern möchten. Es ist:

____

Bitte lesen Sie den folgenden Text und kreuzen Sie jeweils an, ob Sie eine darin geschilderte Erfahrung bereits selbst gemacht haben, als Sie an dem Thema, das Sie gerade aufgeschrieben haben, versucht haben, etwas zu ändern.

- ❑ Ich hatte zu früh das Gefühl der persönlichen Kontrolle über diese Situation.
- ❑ Obwohl ich das Verhalten ändern wollte, gab es in mir auch eine positive Einstellung gegenüber diesem Verhalten.
- ❑ Persönliche Normen und Werthaltungen.
- ❑ Beim Scheitern meiner Selbst-Management-Versuche (Beispiel: nie wieder Alkohol am Steuer) habe ich mich auf Zufälle oder besondere Belastungen in besonderen Situation zu besonderen Zeitpunkten herausgeredet.
- ❑ Meine Planung war über-optimistisch.
- ❑ Wie ein ungewollter Liebhaber habe ich Zeit und Energie in ein Projekt investiert, von dem ich hätte wissen können, daß es keinen Erfolg hat.
- ❑ Ich habe mich nicht ausreichend über Wahrscheinlichkeiten von Erfolg und Scheitern meiner Bemühungen auch nur informiert.
- ❑ Ich habe versucht, Dinge zu kontrollieren, die man nicht kontrollieren kann (Beispiel: Eine Veränderung von Gefühlen oder Stimmungen von heute auf morgen).
- ❑ Ich habe das heute häufig propagierte »Patentrezept«, Gefühle und Ärger einfach »rauszulassen«, angewandt und da-

bei erfahren, daß dadurch mehr statt weniger Stress und Ärger entsteht.

- ❑ Ich habe Kräfte auf ein unwichtiges Detail konzentriert (Beispiel: In Situationen, die Unwillen und Ärger hervorrufen, konzentrieren sich Menschen häufig allein auf diese Stress-Aspekte. Sie verbringen Zeit und Kraft damit, sich in gute Stimmung zu bringen, um erst danach dann eine ungeliebte Arbeit – etwa die Steuererklärung – zu erledigen. Dabei bleibt die eigentliche Arbeit aber unerledigt, und das Maß an Problemen im Leben wird trotz großer Bemühungen um Selbstkontrolle nicht geringer sondern größer).
- ❑ Ich habe nur ungenügenden Einsatz beim Selbst-Management gezeigt, die Dinge zu leicht genommen.
- ❑ Ich habe mich an den heutigen Zeitgeist angepaßt, der spontanen Impulsen (»Leben im HIER und JETZT«) einen größeren Wert beimißt als der Folgeabschätzung eigenen Verhaltens. (Spontanen Impulsen nicht nachzugeben ist aber ein wesentlicher Teil erfolgreichen Selbst-Managements; wer sich zu reichliches Essen abgewöhnen will, muß auf irgendeine Weise in die Lage kommen, den Reizen von Nahrungsmitteln nicht nachzugeben.)
- ❑ Ich habe geglaubt, eine andere Macht, die stärker ist als ich, regiert mein Verhalten.
- ❑ Ich habe versucht, eiserne Selbst-Disziplin an den Tag zu legen – das aber hat immer nur momentane Erfolge gebracht.
- ❑ Mein Scheitern hat mich entmutigt.
- ❑ Ich habe mich zu oft selbst in Versuchung gebracht (Beispiel: Wer weniger essen will, sollte nicht unbedingt einen sorgfältig und gut gefüllten Kühlschrank haben).
- ❑ Stress und Ärger haben mich meine Vorsätze brechen lassen. (Je stärker ein Mensch »im Stress« ist, desto eher reagiert er aus der Situation heraus im »Hier und Jetzt« und desto eher verliert er übergeordnete verhaltensleitende Werte und Ziele aus dem Bewußtsein.)
- ❑ Müdigkeit hat mich schwach werden lassen. (Viele Verstöße gegen eigene Vorsätze geschehen nachts. Das gilt für Ge-

waltverbrechen mit einem Peak in den späten Nachtstunden ebenso wie für Freßorgien oder für Sexualität mit einem Menschen, in die man hineinschlittert und die man spätestens am nächsten Morgen bereut.)

- ❑ Ich habe mir zu viele Ziele gesteckt.
- ❑ ... zu hohe Ziele gesteckt.
- ❑ ... oder Ziele gesteckt, die miteinander im Widerspruch stehen (»viel Zeit für die eigenen Kinder und viel Zeit für die eigene Karriere haben«).
- ❑ Ich habe bei großen Zielen aus den Augen verloren, wie weit ich vom Ziel entfernt war.

EQ-Punkte

Ihr bisheriger Punktestand ______

Bitte sehen Sie sich die Themen an, die Sie angekreuzt haben. Wenn sie einen neuen Plan zu einem emotional-intelligenteren Selbst-Management machen, schreiben Sie sich für jeden der angekreuzten Punkte, aus dem Sie die richtige Konzequenz ziehen, 20 Punkte auf Ihrem EQ-Konto gut. ______

Neuer Punktestand: ______

Das bedeutet Ihr Ergebnis:

Die Aufzählung ist eine Zusammenfassung der wichtigsten Fehler, die Menschen machen, wenn sie versuchen, etwas an ihrem Leben zu verändern – und wenn dabei Gefühle und mit den Gefühlen gepaarte Gedanke im Spiel sind.

Wenn Sie so wollen, handelt es sich hier um einen Katalog der Dummheiten auf dem Gebiet der *Emotionalen Intelligenz*.

Die guten Nachrichten:

- Beim Selbst-Management muß und kann das eigene Verhalten beobachtet werden.

- Bei größeren Lebensplänen muß man wissen, wie weit man vom Ziel entfernt ist.
- **Sollen »kleine« Gewohnheiten verändert werden (Beispiel: Rauchen), stellt sich die Lage etwas anders dar. Auch der stärkste Raucher ist in dem Moment, in dem er nicht raucht, bereits am Ziel – wenn auch oft nur für Minuten. Hier ist es also wichtig zu wissen, wann und warum man den eigentlich erstrebten Zustand wieder aufgibt.**
- Scheitern ist nützlich. Das Abgewöhnen ungewollter und das Angewöhnen gewollter Verhaltensweisen ist meist kein einmaliger Prozeß, sondern führt in vielen Etappen zum Ziel, zwischen denen es immer wieder Rückfälle gibt. Beispiel: Die meisten Menschen brauchen mehrere Versuche, um sich das Rauchen endgültig abzugewöhnen.
- **Die Kraft, die man zum Selbst-Management braucht, ist ähnlich trainierbar wie die athletische Kraft eines Sportlers. Jeder Versuch – selbst ein gescheiterter, wenn er nicht als endgültiges Versagen interpretiert wird – trainiert diese Kraft.**
- Erst nach der Zielbestimmung und der Selbstbeobachtungs-Phase können erfolgversprechende Maßnahmen zur Verhaltensveränderung gewählt werden.
- **Wer glaubt, keine Kontrolle über die eigenen Impulse zu haben, kann sich mit dem Gummiband-Trick (Seite 68) helfen und auch mit der Frage: »Wenn mir jemand eine Pistole an den Kopf halten und Impulskontrolle befehlen würde – könnte ich dann das, was ich mir an- oder abgewöhnen will, schaffen?«**

Test 24

Stehen Sie Ihrem eigenen Erfolg selbst im Weg?

Hier sind Aussagen über das Verhalten von Menschen am Arbeitsplatz (auch in der Schule, in Ausbildungsgruppen, auch bezogen auf die Arbeitsteilung im Haushalt). Bitte beurteilen Sie, wie gut die einzelnen Aussagen auf Sie zutreffen, und schreiben Sie die entsprechende Ziffer in das jeweilige Kästchen:

0	**überhaupt nicht**
1	**ein bißchen**
2	**ziemlich gut**
3	**überraschend gut**
4	**100prozentig**

- ❑ Am besten arbeite ich in der Gruppe. Wenn ich alleine arbeite, gehen mir die Sachen sehr schwer von der Hand.
- ❑ Bei Gesprächen – in der Arbeit oder privat – unterbreche ich andere Menschen selten oder nie.
- ❑ Wenn ich selbst etwas sagen will, werde ich viel zu oft unterbrochen.
- ❑ Ich biete anderen Menschen öfter Hilfe an, als man mir Hilfe anbietet.
- ❑ Ich helfe Kollegen – auch wenn meine eigene Arbeit dabei liegen bleibt.
- ❑ Ich biete Hilfe auch dann an, wenn ich gar nicht danach gefragt werde – und es kommt vor, daß andere Menschen mit dieser Hilfe nicht immer etwas anfangen können.
- ❑ Hilfe, die ich geleistet habe, wird zumeist als selbstverständlich betrachtet. Sie wird mir deshalb fast nie gedankt.
- ❑ Ich habe schon mehrfach Menschen geholfen, ohne daß es von irgend jemandem überhaupt bemerkt wurde.
- ❑ Ich kenne das Gefühl, daß mir alles über den Kopf wächst und ich mein eigenes Pensum nicht schaffe ...

- ❑ ... aber dennoch habe ich Schwierigkeiten, Hilfe anzunehmen, die man mir anbietet.
- ❑ Bevor ich anderen lange erkläre, was sie zu tun hätten, mache ich es lieber gleich selbst.
- ❑ Man hat mir schon einmal gesagt, ich ließe mich von anderen Menschen ausnutzen.
- ❑ Meine Sätze sind oft umständlich. Ich habe Schwierigkeiten, mich bei anderen Menschen verständlich zu machen.
- ❑ Es gibt Menschen, die sich um mich bemühen. Das sind aber nicht die, um die ich mich selbst bemühe.
- ❑ Menschen, die ständig gut zu mir sind, langweilen mich manchmal.
- ❑ Meine Aufmerksamkeit gehört den Menschen, die mir Probleme machen.
- ❑ Andere Menschen können es feiern und genießen, wenn sie etwas geleistet haben. Das kann ich nur schwer oder gar nicht.
- ❑ Ich führe einen genauen Terminkalender und versuche, auch Termine für meine Familie, für Freunde und Bekannten dort unterzubringen.
- ❑ In der Arbeit fühle ich mich selten richtig ausgelastet. Manchmal bin ich unter- und manchmal überfordert.
- ❑ Meine »schwierigste Übung« ist es, mich über Mißstände in Zusammenhang mit der Arbeit zu beschweren.
- ❑ Meine ehrliche Meinung kann ich kaum rausbringen, ohne aggressiv oder total emotional zu werden.
- ❑ Ich bin oft unglücklich, weil meine Arbeit mich so aufreibt.
- ❑ Ich lehne die Hilfe von anderen ab, weil ich es selber schaffen will.
- ❑ Ich wecke in Menschen Hoffnungen, die ich nicht immer erfüllen kann.
- ❑ Andere strengen sich weniger an und haben mehr Erfolg
- ❑ Manchmal fehlt mir Selbstdisziplin. Aber – so sehr ich versuche, mich zusammenzureißen, es hilft nichts.
- ❑ Oft lasse ich mir eine zusätzliche Arbeit aufs Auge drücken und traue mich nicht, sie abzulehnen.

- ❑ In meinem Leben gibt es viel Action – aber ich habe das Gefühl, ich trete auf der Stelle.
- ❑ Am wohlsten fühle ich mich, wenn ich gelobt werde.
- ❑ Ich würde gerne einmal wissen, was mein Chef wirklich über mich denkt.
- ❑ Meine Kollegen und Kolleginnen finden mich arrogant – obwohl das so ungefähr das letzte ist, was ich sein möchte.

Bitte zählen Sie die vor den Aussagen in den Kästchen stehenden Zahlen zusammen und tragen Sie das Ergebnis in den Kasten ein.

EQ-Punkte

Ihr bisheriger Punktestand	______
Bitte zählen sie 100 Punkte zu und ziehen Sie dann den	______
eben erreichten Punktwert davon ab.	______
Neuer Punktestand:	______

Das bedeutet Ihr Ergebnis:

Mehr als 80 Punkte: Ihr Leben ist bestimmt von einer Haltung, die von einem hohen moralischen Anspruch zeugt. Aber: Diese Haltung zu Ihrer Arbeit ist leider nicht der Königsweg zu der Art Erfolg, wie er in unserer Gesellschaft oft gesucht wird. Siesind sehr rücksichtsvoll und zuvorkommend. Aber: Ihnen fehlen die Ellenbogen, sich durchzusetzen. Oder wenn Sie die Ellenbogen haben, machen Sie von ihnen keinen oder nur sehr spärlichen Gebrauch. Sie sind ein Mensch, der nicht direkt für den Kampf ums Dasein erzogen worden ist. Soweit die positive Seite, aber wir möchten Ihnen eine eher negative Auslegung auch nicht ersparen: Jeder Mensch – Heilige vielleicht ausgenommen – hat auch eine aggressive Seite. Ihre ganze Zurückhaltung und Menschenfreundlichkeit kann leider auch bedeuten, daß Sie ab und zu mit explosionsartigen Ausbrüchen von Gefühlen reagieren. Oder: Sie fressen viel zuviel Kummer in sich hinein. Sie sollten eine vernünftige Lebensentscheidung treffen, die ganz große Karriere nicht anstreben – und statt dessen Ihre Arbeit als Dienst nach Vorschrift absolvieren, weil Ihre eigentlichen Erfolge sich sehr viel eher außerhalb des Arbeitsplatzes einstellen.

60 bis 79 Punkte: Sie haben Erfolg im Leben, aber Sie bleiben weit hinter dem zurück, was Sie erreichen könnten, weil Sie selbst Ihre Kraft bremsen. Sie leben wie ein Autofahrer, der Vollgas gibt und gleichzeitig die Bremse voll tritt. Sie nehmen sich selbst zuwenig wichtig. Was andere sagen, ist für Sie in jedem Fall von größerer Bedeutung als Ihre eigene Meinung. Sie reagieren in den meisten Situationen gut und spontan. Das macht Ihre Qualitäten als Mitarbeiter/in aus. Zugleich aber machen Sie sich zu stark abhängig von Meinung und Urteil anderer Menschen. Und dadurch verhindern Sie, daß Sie mehr als nur ein geschätzter Mitarbeiter sind.

Sie haben Schwierigkeiten, einen eigenen Willen zu formulieren und durchzusetzen – vermutlich haben Sie das nie gelernt bzw. viel zu wenig im Leben geübt. Eine klare Willenserklärung von Ihnen kommt meist nur unter großer Gefühlsanspannung – einfacher gesagt: im Zorn. Dann ist die ganze Welt überrascht, wie klar und deutlich Sie sagen können, was Sie wirklich wollen. Auf diesem Weg müßten Sie weitergehen und Ihre Meinungen und Gefühle ohne Zorn ausdrücken. Das geht wohl nur, wenn Sie generell etwas aggressiver zu anderen Menschen sind und nicht länger versuchen, jedermanns Liebling zu sein.

40 bis 59 Punkte: Sie sind auf einem guten Wege hin zu besserem Lebenserfolg. Sie haben – wenn Sie eine Frau sind – eine besondere Hürde der weiblichen Erziehung gemeistert: Sie stellen sich nicht nicht schwächer und hilfsloser dar als Sie tatsächlich sind. Weibliche Erziehung dient oft dazu, Zurückhaltung einzuüben, sich (angeblich oder tatsächlich) stärkeren Menschen unterzuordnen und den Sinn des Lebens eher im Dienen und Leiden statt im aktiven Handeln zu suchen. So etwas kann nicht zum Erfolg in einer Gesellschaft führen, die leider immer noch viel zu sehr auf Ellenbogen vertraut.

20 bis 39 Punkte: Sie haben alles Zeug zu einem erfolgreichen Berufsweg. Sie übernehmen Selbstverantwortung, suchen Schuld für Dinge, die schieflaufen, bei sich selbst und nicht bei anderen (was immer auch heißt, daß man bei sich selbst die besten Ansatzpunkte zum Abstellen von Fehlern findet). Ihr Selbstvertrauen ist groß genug. Sie werden nicht aus Ängstlichkeit in Abhängigkeit geraten. Sie gehen mit Menschen in einer Weise um, die Ihnen auf der Karriereleiter nach unten wie nach oben Respekt verschafft. Als Frau vereinen Sie Durchsetzungskraft mit weiblicher Energie.

Test 25

Haben Sie genug Selbstvertrauen?

Manchmal stehen wir im Leben sicher da, manchmal verlieren wir bei kleinsten Anlässen den Boden unter den Füßen. Wie ist Ihre momentane Situation? Sie sollten vor allem die kleinen Hinweise auf mangelndes Selbstvertrauen nicht länger übersehen. Antworten Sie auf die Fragen einfach mit Ja oder Nein.

1. Schauen Sie in jeden Spiegel, an dem Sie vorbeikommen (auch in Schaufensterscheiben, in denen Sie sich sehen können)? Ja ❑ Nein ❑
2. Würden Sie Ihr Leben gerne ändern? Ja ❑ Nein ❑
3. Würden sie gerne mit dem Schicksal anderer Menschen tauschen? Ja ❑ Nein ❑
4. Fällt es Ihnen häufiger auf, daß andere Menschen Sie anstarren? Ja ❑ Nein ❑
5. Sind Menschenansammlungen Ihnen unangenehm? Ja ❑ Nein ❑
6. Halten Sie sich für einen guten Verlierer?
7. Versuchen Sie einmal, Ihre Stimme zu beurteilen. Ist sie tief und klangvoll? Ja ❑ Nein ❑
8. Sprechen Sie meist ziemlich schnell? Ja ❑ Nein ❑
9. Prüfen Sie zur Sicherheit oft zweimal, ob Sie beim Weggehen die Wohnungstür richtig verschlossen haben? Ja ❑ Nein ❑
10. Halten Sie es für richtig, anderen Menschen offen die eigenen Gefühle zu zeigen? Ja ❑ Nein ❑
11. Macht es Ihnen etwas aus, andere Menschen um etwas zu bitten? Ja ❑ Nein ❑
12. Wissen Sie (oder glauben Sie), daß es Klatsch über Sie gibt? Ja ❑ Nein ❑
13. Studieren Sie lieber minutenlang einen Stadtplan, statt einen Vorüberkommenden nach dem Weg zu fragen? Ja ❑ Nein ❑

14. Fühlen Sie sich jetzt – in diesem Moment – in Ihrer Garderobe wohl? Ja ❑ Nein ❑
15. Tun Sie anderen Menschen manchmal einen Gefallen, der eigentlich überflüssig ist? Ja ❑ Nein ❑
16. Können Sie andere Menschen leicht von Ihrer Meinung überzeugen? Ja ❑ Nein ❑
17. Klären Sie Diskussionen grundsätzlich bis zu dem Punkt, an dem jeder weiß, wer recht und wer unrecht hat? Ja ❑ Nein ❑
18. Fühlen Sie sich unwohl, wenn ein anderer Mensch stärker im Mittelpunkt steht als Sie?
19. Halten Sie sich für eine Führernatur? Ja ❑ Nein ❑
20. Können Sie anderen Menschen folgen (oder wollen Sie am liebsten immer selbst bestimmen, »wo es langgeht«)? Ja ❑ Nein ❑
21. Sie haben in Ihrer Arbeit einen Mißerfolg gehabt. Nehmen Sie sich das so zu Herzen, daß Sie sich vornehmen, nie wieder einen Fehler zu machen? Ja ❑ Nein ❑
22. Üben Sie an anderen Menschen häufig Kritik? Ja ❑ Nein ❑
23. Sind Sie überzeugt davon, daß Sie alle Probleme Ihres Lebens allein lösen können? Ja ❑ Nein ❑

Bitte geben Sie sich bei den Fragen 6, 7, 14, 15, 16, 19 und 20 einen Punkt, wenn Sie »Ja« angekreuzt haben – und bei allen anderen Fragen einen Punkt für jedes »Nein«.

EQ-Punkte

Ihr bisheriger Punktestand ______

Bitte schreiben Sie sich das Doppelte des eben erreichten Punktwertes gut. ______

Neuer Punktestand: ______

Das bedeutet Ihr Ergebnis:

Weniger als 5 Punkte: Sie sind ein interessierter und wißbegieriger Mensch – aber: Ihr Selbstvertrauen ist zur Zeit nicht sehr groß. Sie fühlen sich von anderen Menschen abhängig – mehr noch: auch Sie selbst untergraben Ihre eigene Sicherheit. Vermutlich sind Sie zu kritisch (und zu selbstkritisch). Konzentrieren Sie sich im Leben mehr auf die Stärken bei anderen Menschen (und bei sich selbst) als auf die Schwächen.
5 bis 9 Punkte: Ihr Selbstvertrauen ist nicht stärker oder schwächer als das der meisten anderen Menschen – aber es könnte besser sein. Vielleicht halten Sie es für egoistisch, von sich selbst zu überzeugt zu sein. Bedenken Sie aber, daß Menschen mit einem guten Selbstbewußtsein anderen Menschen Mut und Kraft geben können. Das ist alles andere als egoistisch.
10 bis 14 Punkte: Ihr Selbstvertrauen ist so stark, daß andere Menschen Ihnen nicht viel Negatives anhaben können. Überprüfen Sie aber einmal sehr selbstkritisch, ob Ihre seelische Stärke auch daher kommt, daß Sie eine feste Mauer um sich herum errichtet haben, die kein Feind (aber auch so mancher Freund) nicht durchdringen kann.
Mehr als 14 Punkte: Sie sind in den allermeisten Situationen des Lebens ausgewogen und sicher. Das heißt nicht, daß Sie weniger Probleme hätten als andere Menschen. Sie reagieren nur anders auf Probleme. Sie nehmen sie als gegeben hin, versuchen Ihr Bestes und erkennen dabei an, daß ein Mensch nicht immer Erfolg haben und im Mittelpunkt stehen muß. Das unterscheidet Sie von Menschen, die Selbstvertrauen nur vorspiegeln, in Wirklichkeit aber tief verunsichert sind.

Test 26

Denken Sie positiv?

1 Bleiben Sie manchmal stehen, weil Ihnen etwas Schönes ins Auge fällt? *Ja* ❑ *Nein* ❑

2 Glauben Sie, daß die Menschheit ihre großen Probleme (Umweltschutz oder Überbevölkerung) lösen kann? *Ja* ❑ *Nein* ❑

3 Können Sie so albern sein, daß andere Menschen über Sie lachen? *Nie* ❑ *manchmal* ❑ *häufig* ❑

4 Sind Sie jetzt, in diesem Moment, glücklich? *Ja* ❑ *Nein* ❑

5 Waren Sie gestern ❑ *eher glücklich oder* ❑ *eher unglücklich?*

6 Waren Sie die letzten drei Tage ❑ *eher glücklich oder* ❑ *eher unglücklich?*

7 Wenn Sie ungerecht angegriffen werden: Kämpfen Sie für Ihre Rechte, auch wenn es Mühe macht und eventuell Probleme mit sich bringt? *Ja* ❑ *Nein* ❑

8 Wenn Ihnen etwas Schlechtes zustößt: Schaffen Sie es gewöhnlich, daran auch einen guten Aspekt zu entdecken? *Ja* ❑ *Nein* ❑

9 Wirkt sich eine fröhliche Stimmung bei Ihnen auch positiv auf Ihre Gesundheit aus? *Ja* ❑ *Nein* ❑

10 Rechnen Sie innerlich damit, daß Ihnen auch einmal ein Freund in den Rücken fällt? *Ja* ❑ *Nein* ❑

11 Sind Ihnen die meisten Menschen auf Anhieb erst einmal sympathisch? *Ja* ❑ *Nein* ❑

12 Wenn fremde Menschen Sie in der Bahn beobachten: Fühlen Sie sich dann unwohl? *Ja* ❑ *Nein* ❑

13 Loben Sie andere Menschen häufiger als Sie sie kritisieren? *Ja* ❑ *Nein* ❑

14 Wer sind die 10 wichtigsten Menschen in Ihrem Leben? (Schreiben Sie bitte Namen auf, die Ihnen spontan in den Sinn kommen.)

15 Schreiben Sie einmal (ohne viel nachzudenken) 10 Ereignisse der letzten Monate auf, die für Sie wichtig waren.

______________________	______________________
______________________	______________________
______________________	______________________
______________________	______________________
______________________	______________________

So berechnen Sie Ihren Punktwert

1 Ja = 3 Punkte
2 Ja = 3 Punkte
3 nie = 0 Punkte, manchmal = 2 Punkte, häufig = 5 Punkte
4 Ja = 1 Punkt
5 eher glücklich = 1 Punkt
6 eher glücklich = 3 Punkte
7 Ja = 5 Punkte
8 Ja = 3 Punkte
9 Ja = 3 Punkte
10 Nein = 3 Punkte
11 Ja = 3 Punkte
12 Nein = 3 Punkte
13 Ja = 5 Punkte
14 Wenn Ihr eigener Name auf der Liste auftaucht: 10 Punkte
15 Geben Sie sich für jedes erfreuliche Ereignis, das sie notiert haben, 1 Punkt

Gesamtpunktzahl: ______

EQ-Punkte

Ihr bisheriger Punktestand ______
Bitte schreiben Sie sich das Doppelte des eben erreichten Punktwertes gut. ______
Neuer Punktestand: ______

Das bedeutet Ihr Ergebnis:

Weniger als 25 Punkte: Sie sehen sehr viele Hindernisse in Ihrem Leben. Sie sind Realist, aber vielleicht sind Sie zu realistisch, denn wie soll sich in Ihrem Leben etwas zum Besseren ändern, wenn Sie selbst nicht wirklich an positive Änderungen glauben können?
26 bis 35 Punkte: Sie haben die Möglichkeiten, positiver Veränderung in Ihrem Leben gut im Blick. Aber Sie wissen nicht, wie Sie diese Änderungen herbeiführen sollten. Sie hoffen mehr auf ein Wunder, als daß Sie auf Ihre eigenen Kräfte vertrauen, eine positive Wende zu bereiten.
36 bis 45 Punkte: Sie denken die meiste Zeit positiv. Sie erkennen auch dort noch Chancen, wo viele andere Menschen immer nur Probleme sehen. Dabei sind Sie kein Träumer, sondern stehen mit beiden Beinen im Leben.
Mehr als 46 Punkte: Positives Denken steht im Zentrum Ihres Lebens. Aber es gibt bei Ihnen auch die kleine Gefahr, daß Sie zur Sorglosigkeit neigen und anderen Menschen blind vertrauen – ohne daß diese Menschen das erwarten oder mit Ihrem Vertrauen wirklich etwas anfangen können.

Test 27

Machen Sie sich selbst das Leben schwer?

Gibt es eine emotional nicht-intelligente Lebenseinstellung, mit der wir Glück oder Pech geradezu einladen? Bitte kreuzen Sie alle Aussagen an, die auf Sie zutreffen, und geben Sie sich für jedes Kreuz einen Punkt. Dabei heißt:

x	=	Das ist schon einmal vorgekommen
xx	=	Das kommt häufiger vor
xxx	=	So mache ich das in der Regel
xxxx	=	Das ist ein typischer Wesenszug von mir

❑❑❑❑ Ich suche mir immer wieder Menschen heraus, die mich später einmal enttäuschen.

❑❑❑❑ Ich helfe anderen Menschen – auch wenn sie mich gar nicht um Hilfe bitten oder meine Hilfe sogar ablehnen.

❑❑❑❑ Menschen, die ständig gut zu mir sind, langweilen mich.

❑❑❑❑ Ich verletze andere Menschen oft mit meinem Ton (obwohl ich das überhaupt nicht will).

❑❑❑❑ Ich habe mit Menschen öfter einmal Unstimmigkeiten, die ich mir überhaupt nicht erklären kann.

❑❑❑❑ Ich schaffe es besser, anderen Menschen zu helfen als mir selbst.

❑❑❑❑ Situationen, in denen sich andere Menschen amüsieren (und in denen ich mich selbst amüsieren könnte), gehe ich aus dem Wege.

❑❑❑❑ Hilfe von anderen Menschen lehne ich sogar dann ab, wenn ich sie gut brauchen könnte.

❑❑❑❑ Ich mache mich oft an Aufgaben heran, von denen ich vorher schon wissen könnte, daß ich bei ihnen keinen Erfolg haben werde.

❑❑❑❑ Wenn ich einmal Erfolg habe, kann ich mich darüber kaum freuen.

EQ-Punkte

Ihr bisheriger Punktestand	______
Bitte zählen sie 100 Punkte zu und ziehen Sie	______
dann den eben erreichten Punktwert davon ab.	______
Neuer Punktestand:	______

Das bedeutet Ihr Ergebnis:

Weniger als 15 Punkte: Sie machen sich das Leben leicht. Sie sorgen für Ihre eigenen Interessen und machen nicht die anderen Menschen, sondern sich selbst für Ihr eigenes Wohlergehen verantwortlich. Und wenn Sie genauso konsequent dafür eintreten, daß alle Menschen um Sie herum zu ihrem Recht kommen, läßt sich mit Ihnen hervorragend leben – beruflich wie privat.

15 bis 22 Punkte: Sie gehen in Ihrem Verhältnis zu anderen Menschen vielen Problemen aus dem Wege. Sie opfern sich nicht auf – schon gar nicht ungefragt –, sondern sorgen dafür, daß jeder Mensch selbst seinen Teil dazu beiträgt, daß alle glücklich leben können. Dies Glück in Ihrem Leben entsteht dadurch, daß jeder an sich selbst genauso denkt wie an den Mitmenschen.

23 bis 29 Punkte: Ihr Leben könnte viel leichter sein. Sie werden immer wieder ein Opfer Ihrer eigenen Gutmütigkeit. Sie denken vielleicht: »Wenn es nur den anderen gut geht, dann werde ich auch selbst etwas von ihrem Glück abbekommen.« Mit dieser Haltung aber machen Sie die Herzen der anderen Menschen träge, sie kommen gar nicht auf die Idee, daß auch Sie einmal Unterstützung brauchen könnten.

Mehr als 30 Punkte: Sie machen sich selbst das Leben zu schwer. Sie arbeiten sehr konsequent gegen Ihre eigenen Interessen, denken immer nur daran, was für die anderen richtig ist, und versuchen auch, sie zu ihrem Glück zu zwingen. Dahinter steht ein gewisses Mißtrauen, daß die anderen nicht wüßten, was für sie gut ist. Dieses Mißtrauen sollten sie ablegen, dann können Sie sich viel Mühe ersparen, die Ihnen doch niemand so richtig dankt.

Test 28

Geben Sie sich zu selbstbewußt?

Bitte kreuzen Sie alle Aussagen an, denen Sie zustimmen, bzw. die auf Sie zutreffen und geben Sie sich für jedes Kreuz einen Punkt.

- ❑ Ich schaue anderen Menschen immer ins Gesicht.
- ❑ Ich lache meist früher und lauter als die anderen Menschen.
- ❑ Witze über Ausländer oder Minderheiten finde ich peinlich.
- ❑ Zu Hause laufe ich so locker herum, daß man mich schon mal nackt sehen kann.
- ❑ Ich trage, was ich chic finde – auch wenn es mir nicht immer steht.
- ❑ Ich singe oft, auch laut und manchmal falsch.
- ❑ Wenn Besucher absolut nicht gehen wollen, komplimentiere ich sie hinaus.
- ❑ Meinem Chef widerspreche ich öfter mal aus Prinzip. Auch wenn er recht hat.
- ❑ In der Arbeit sorge ich dafür, daß öfter mal gefeiert wird.
- ❑ Wenn ich meine alberne Phase habe, kann man mich nur schwer zu Ruhe und Ordnung bringen.
- ❑ Wenn ich traurig bin, heule ich auch schon mal los – egal, was die Leute denken.
- ❑ Ärger und Kummer behalte ich nicht für mich. Ich kann richtig schimpfen, jammern und stöhnen.
- ❑ Auf Festen halte ich mich nie zurück, da wird gepraßt und genossen.
- ❑ Ich halte meine festen Zeiten für Ausgleichssport und Ruhe ein – auch wenn es anderen nicht paßt.
- ❑ Als Kind haben ich mich selbst gemocht. Und ich finde mich immer noch ganz toll.
- ❑ Meine eigenen Fehler verzeihe ich mir. Ich bin zu mir so tolerant wie zu jedem anderen.
- ❑ Wenn ich mal Angst habe, zeige ich das offen.

- ❑ Manchmal bin ich ungerecht. Deshalb gehe ich aber nicht in Sack und Asche.
- ❑ Wenn ich mit anderen rede, berühre ich sie öfter mal am Arm oder am Ärmel.

EQ-Punkte

Ihr bisheriger Punktestand	_____
Bitte schreiben Sie sich das Fünffache des erreichten Punktwertes gut.	_____
Neuer Punktestand:	_____

Das bedeutet Ihr Ergebnis:

Weniger als 7 Punkte: Sie haben – oder Sie zeigen – zu wenig Selbstbewußtsein. »Was denken die Leute«, diese Frage ist für Sie viel zu wichtig. Sie halten sich zurück, auch wenn Sie innerlich ganz anders fühlen, und achten viel zu sehr darauf, nur bei ja niemandem anzuecken. Wer sich selbst ständig dermaßen zurücknimmt, macht sich das Leben schwer. Aber, was Sie vielleicht übersehen: Sie machen dadurch den anderen das Leben nicht leichter. So rücksichtsvoll, wie Sie sind, zwingen Sie die anderen, auch Ihnen gegenüber besonders rücksichtsvoll zu sein. Wenn Sie selbst etwas mehr auftrumpfen würden, wären die anderen viel lockerer zu ihnen, und das Leben würde insgesamt fröhlicher.
7-11 Punkte: Sie zeigen Selbstbewußtsein. Manchmal wird es ihnen schon so vorkommen, als wären Sie richtiggehend frech – aber keine Sorge: Gemessen an anderen, sind sie immer noch sehr zurückhaltend. Und wenn einem tatsächlich einmal »die Gäule durchgehen«, kann man sich das ja von anderen sagen lassen und dann fröhlichen Herzens zugeben: »Ich sehe es ein, du hast recht.« Daß Sie manchmal zu forsch auftreten, liegt dabei nicht an zu viel, sondern eher noch an zu wenig Selbstbewußtsein. Jeder hat ja seine Grenze, wo er sich nichts mehr gefallen läßt und sich wehrt, dann meist aber mit zu starken Mitteln. Abhilfe? Sie sollten den Menschen noch früher und deutlicher zei-

gen, was sie von ihnen erwarten. Die anderen schaffen es meist, sich daran auch zu halten.

Mehr als 11 Punkte: Sie haben genug Selbstbewußtsein. Bei Ihnen ist niemand im Zweifel, wie weit er gehen kann. Und wenn es doch einmal geschieht, nehmen Sie das nicht als persönlichen Angriff, der Sie umwirft, sondern Sie können locker und sachlich auf solche Grenzverletzungen reagieren. Ihr »Geheimnis«: Sie kümmern sich einfach viel weniger als andere um das, was »die Leute« sagen. Sie tun, was richtig ist, und sehen den Folgen mit Freude und Fassung entgegen. Das ist echtes Selbstbewußtsein. Von »Frechheit« keine Spur.

Test 29

Beherrschen Sie sich selbst?

Haben Sie sich einigermaßen unter Kontrolle oder führen Sie eine Art Kampf gegen sich selbst?

1 Wenn ich beim Einkaufen viel Geld dabei habe,
❑ kaufe ich oft mehr als ich brauche.
0 bleibe ich so »knauserig« wie sonst auch.
◊ erfülle ich mir manchmal einen lang aufgeschobenen Wunsch.

2 Meine Stimmungen sind
❍ immer kontrolliert.
◊ meist kontrolliert.
❑ manchmal grundlos schlecht.

3 Am Abend eines Tages, an dem eine Freundin oder ein Freund mich ungerecht angegriffen haben,
❑ leide ich innerlich immer noch an der Sache.
◊ habe ich innerlich längst auf andere, angenehmere Dinge umgeschaltet.
❍ schmiede ich Pläne, wie ich die Ungerechtigkeit heimzahlen kann.

4 Jetzt, wo die Tage wieder länger werden,
◊ heitert sich meine Stimmung etwas auf.
❑ werde ich endlich wieder der fröhliche Mensch, der ich eigentlich bin.
❍ Aufgrund des Wetters ändern sich meine Gefühle überhaupt nicht.

5 Wenn ich seelische Probleme habe,
◊ kaufe ich mir richtig schöne und meist ungesunde Dinge zu essen.

❏ achte ich darauf, daß mein Körper wenigstens etwas Gesundes zu essen bekommt.
❍ schlägt mir das auf den Magen, und ich habe keinen Appetit.

6 Wilhelm Buschs Vers »Es ist ein Spruch von alters her, wer Sorgen hat, hat auch Likör«,
❍ beschreibt eine Gefahr, gegen die ich ankämpfen muß.
❏ ist mir richtig aus dem Herzen gesprochen, ich »spüle« auch kleine Sorgen gern mit einem kleinen Schluck runter.
◊ gilt für mich als Ausnahme, aber in manchen Krisen brauche auch ich erst mal einen Schluck.

7 Eltern sollten Kindern gegenüber die eigenen Fehler
❍ konsequent verbergen.
❏ konsequent zeigen.
◊ nicht zu deutlich zeigen, aber sie sollten immer zugeben, daß auch Erwachsene Fehler haben.

8 In einer guten Ehe
❏ darf es nie Streit geben.
❍ darf es auch mal Streit geben.
◊ darf es nur Streit geben, wenn man sich im Guten nicht durchsetzen kann.

9 Wenn man Kindern drei Eigenschaften mit auf den Lebensweg geben könnte, welche sollten es sein?
❍ Gehorsam, Konzentrationskraft, Disziplin
◊ Höflichkeit, Lernfähigkeit, Fröhlichkeit
❏ Genußfähigkeit, Gewinnstreben, Durchsetzungskraft

10 Gott bedeutet für mich
◊ eine kindliche Vorstellung, die ich überwunden habe.
❍ etwas, was mir Angst macht, weil ich ein sündiger Mensch bin.
❏ Liebe und Verzeihen aller Sünden.

11 Mein Gewissen
❍ bohrt und nagt eigentlich ständig.
◊ meldet sich, wenn ich einen wirklich großen Fehler mache.
❏ hat seinen Betrieb schon vor langer Zeit eingestellt.

12 Gute Menschen
❍ führen einen ständigen Krieg gegen ihre schwachen Seiten.
◊ verwöhnen sich oft, damit sie die Kraft zum Gutsein haben.
❏ lieben sich genau so stark wie ihren Nächsten.

EQ-Punkte

Ihr bisheriger Punktestand ______
Bitte geben Sie sich
100 Punkte, wenn Sie überwiegend ◊
0 Punkte, wenn Sie überwiegend ❍
50 Punkte, wenn Sie überwiegend ❏ angekreuzt ______
Neuer Punktestand: ______

Das bedeutet Ihr Ergebnis:

Überwiegend ❍: Sie haben große Selbstbeherrschung. Ihr Streben geht dahin, anderen Menschen gegenüber ausgeglichen und gerecht zu sein. Statt Kämpfe mit anderen auszutragen, versuchen Sie, alle nur möglichen Auseinandersetzungen im Vorfeld zu erkennen und zu umgehen. Das ist der Lohn großer Selbstbeherrschung. Aber sie hat auch einen Preis: Sie verlangen sich viel Disziplin ab. Sie verzichten auf manche Freuden, weil sie mit Ihren moralischen Auffassungen nicht in Einklang stehen. Und Sie fordern von sich sehr viel Leistung, weil Sie Ziele verfolgen, die bei einem auf Genuß und Entspannung konzentrierten Leben nicht erreichbar wären. So vorbildlich Sie also mit Ihrer Selbstbeherrschung sind: Sie sollten auch darauf achten, ob Sie sich selbst und andere Menschen nicht manchmal überfordern.
Überwiegend ❏: Selbstbeherrschung ist kein Wort, das bei Ihnen Fröhlichkeit aufkommen läßt. Vermutlich hat man Ihnen in der

Kindheit und der Jugend Selbstbeherrschung intensiv gepredigt. Möglicherweise hat man Ihnen gesagt, daß der Mensch sich selbst und seine schwachen Seiten bekämpfen und besiegen muß. Sie haben das versucht und sind dabei nicht glücklich geworden. Ihre Lebenserfahrung sagt Ihnen, daß Menschen, die Tugend, Moral, Disziplin und Selbstbeherrschung fordern, selbst oft so schwach sind, daß sie ihren eigenen Forderungen nicht gerecht werden. Deshalb haben Sie sich für einen Weg entschieden, bei dem Sich-Gehenlassen-Können mindestens so wichtig ist wie Selbstbeherrschung.

Überwiegend ◊: Sie haben eine gute Mitte gefunden zwischen Selbstbeherrschung und Freiheit, Lockerheit und Ungezwungen-Sein. Sie wissen, daß wir Menschen uns oft überfordern. Deshalb verlangen Sie sich nichts ab, was doch nur zu Fehlschlägen und zu einem schlechten Gewissen führen würde. Sie legen sich selbst keinen Zwang auf und versuchen auch nicht, andere Menschen zu ihrem Glück zu zwingen. Auf der anderen Seite wissen Sie, daß manchmal ein bißchen »preußische Disziplin« ganz hilfreich ist. Was Sie angefangen haben, machen Sie auch fertig. Und um Ihre Pflichten drücken Sie sich nicht herum. So viel Freiheit wie möglich, so viel Disziplin wie nötig – das ist Ihre kluge Lebensregel.

Test 30
Besitzen Sie genügend Stehvermögen?

Manche Menschen stehen sicher wie ein Fels in der Brandung im Leben. Andere wirft der kleinste Gegenwind um. Wie ist Ihre Situation? Fühlen Sie sich richtig sicher und stark? Unser Test kann Ihnen Hinweise geben, die Sie selbst vielleicht bisher übersehen haben. Antworten Sie auf die Fragen einfach mit Ja oder Nein.

1. Sie sollen auf einer Feier eine Rede halten. Freuen Sie sich darauf? Ja ❑ Nein ❑
2. Haben Sie manchmal den Wunsch, Ihren eventuell doch schon für die nächsten Jahre vorgezeichneten Lebensweg einfach zu verlassen? Ja ❑ Nein ❑
3. Kennen Sie einen anderen Menschen, mit dessen Rolle im Leben Sie gern tauschen möchten? Ja ❑ Nein ❑
4. Überkommt Sie manchmal das Gefühl, von andern – offen oder versteckt – abschätzend beobachtet zu werden? Ja ❑ Nein ❑
5. Fühlen Sie sich auch dann im Kreis vieler anderer Menschen wohl, wenn Ihnen aus der Runde niemand vorher bekannt war? Ja ❑ Nein ❑
6. Bewahren Sie auch dann Ihre Ruhe, wenn Sie mal eine Niederlage hinnehmen mußten? Ja ❑ Nein ❑
7. Wenn Sie jetzt in einer größeren Diskussionsrunde mit 15-20 Personen etwas sagen wollten, hätte Ihre Stimme dann ein ausreichendes Volumen, um ohne zu schreien so kräftig und deutlich zu sprechen, daß jeder nach Ihren ersten Worten zuhört? Ja ❑ Nein ❑
8. Passiert es Ihnen manchmal, daß Sie sich durch Stress, Aufregung oder Unsicherheit

beim Sprechen verhaspeln, weil Sie jeden Satz ganz schnell hinter sich bringen wollen? Ja ❑ Nein ❑

9. Beschäftigt Sie manchmal – zum Beispiel bei der Reise in den Urlaub – der Gedanke, ob Sie zu Hause auch alle Elektrogeräte ausgeschaltet haben und/oder kontrollieren Sie beim Weggehen mehrmals, ob Sie auch wirklich die Wohnungstür abgesperrt haben? Ja ❑ Nein ❑
10. Lassen Sie andere an Ihren augenblicklichen Stimmungen teilhaben, sagen Sie, wie Sie sich fühlen? Ja ❑ Nein ❑
11. Können Sie anderen gegenüber Wünsche ausdrücken, ohne dabei das schlechte Gefühl eines unerwünschten Bittstellers zu haben? Ja ❑ Nein ❑
12. Könnten Sie sich vorstellen, daß andere hinter Ihrem Rücken über Sie reden? Ja ❑ Nein ❑
13. Riskieren Sie es, sich in einer fremden Stadt lieber zu verlaufen, als jemanden anzusprechen und sich die Richtung zeigen zu lassen? Ja ❑ Nein ❑
14. Mögen Sie sich leiden, wenn Sie jetzt in den Spiegel schauen, gefallen Sie sich im großen und ganzen? Ja ❑ Nein ❑
15. Auch wenn Sie nichts dafür bekommen, nicht erwarten und nicht darum gebeten werden: Erweisen Sie anderen Menschen hin und wieder eine Gefälligkeit, sozusagen aus »heiterem Himmel«? Ja ❑ Nein ❑
16. Gelingt es Ihnen leicht, andere in Gesprächen auf Ihre Seite zu ziehen, mit Argumenten oder durch Ihr Auftreten zu beeindrucken und zu beeinflussen? Ja ❑ Nein ❑
17. Diskutieren Sie in Gesprächen Fragen zu strittigen Themen so lange aus, bis es klare

Fronten gibt und jeder Gesprächteilnehmer weiß, wo der andere mit seiner Meinung steht? Ja ❑ Nein ❑

18. Versuchen Sie manchmal in einer größeren Runde anderen den Rang abzulaufen und dadurch die Aufmerksamkeit auf sich zu lenken? Ja ❑ Nein ❑
19. Sind Sie davon überzeugt, anderen als Vorbild und Leitfigur dienen zu können? Ja ❑ Nein ❑
20. Können Sie sich unterordnen? Ja ❑ Nein ❑
21. Beschäftigt es Sie noch tagelang, wenn Ihnen im Job ein Fehler unterlaufen ist? Ja ❑ Nein ❑
22. Hat man Ihnen schon mal zum Vorwurf gemacht, ein Besserwisser zu sein oder oberlehrerhaft aufzutreten? Ja ❑ Nein ❑
23. Ein bißchen eitel sind wir ja alle – aber kommt es bei Ihnen häufig vor, daß Sie ohne erkennbaren Grund den korrekten Sitz Ihrer Haare oder Kleidung überprüfen möchten, auch mehrmals innerhalb kurzer Zeit? Ja ❑ Nein ❑
24. Versuchen Sie, Ihr Leben selbst zu meistern, ohne auf die Hilfe oder Unterstützung anderer angewiesen zu sein? Ja ❑ Nein ❑

Je einen Punkt bekommen Sie, wenn Sie »Ja« angekreuzt haben bei den Fragen 1, 5, 6, 7, 10, 14, 15, 16, 19, 20 und 24. Ebenso bekommen Sie einen Punkt für jedes »Nein« bei den Fragen 2, 3, 4, 8, 9, 11, 12, 13, 17, 18, 21, 22 und 23.

EQ-Punkte

Ihr bisheriger Punktestand ______

Bitte schreiben Sie sich das Dreifache Ihres eben erreichten Punktwertes gut. ______

Neuer Punktestand: ______

Das bedeutet Ihr Ergebnis:

Weniger als 5 Punkte: Sie trauen sich nicht sehr viel zu – jedenfalls zur Zeit nicht. Sie fühlen sich von anderen Menschen abhängig. Auch die kleinste Kritik wirft Sie aus dem Gleichgewicht. Aber auch Sie selbst untergraben Ihre eigene Sicherheit, denn Sie sind zu selbstkritisch. Gut wäre es für Sie, wenn Sie sich allein auf Ihre Stärken konzentrieren würden. Daraus kann am ehesten Selbstvertrauen und Lebensmut erwachsen.
5 bis 10 Punkte: Sie trauen sich selbst nicht mehr und nicht weniger zu als die meisten anderen Menschen. Ihr Selbstvertrauen könnte stärker sein – aber irgendwie scheinen Sie sich immer selbst einen Dämpfer zu geben. Vielleicht halten Sie es für egoistisch, von sich selbst zu überzeugt zu sein und die eigenen Stärken offen zu zeigen. Diese Hemmungen sollten Sie zurückstellen. Denn Menschen mit einem guten Selbstbewußtsein können anderen Menschen Mut und Kraft geben. Und das ist alles andere als egoistisch.
11 bis 16 Punkte: Sie trauen sich viel zu, Ihr Selbstvertrauen ist so stark, daß andere Menschen Ihnen nicht viel Negatives anhaben können. Überprüfen Sie aber einmal, ob Ihre seelische Stärke vielleicht zu einem großen Teil daher kommt, daß Sie eine feste Mauer um sich herum errichtet haben. Wer eine Mauer um sich hat, kann sich sicher fühlen. Kein Feind kann sie durchdringen. Aber auch so mancher Freund nicht. Vielleicht brauchen Sie ja gar keinen Schutzwall um sich herum!
Mehr als 16 Punkte: Sie trauen sich mehr zu, als die meisten Menschen sich zutrauen. Sie sind in den allermeisten Situationen des Lebens ausgewogen und sicher. Darauf können Sie stolz sein, denn Sie haben dieses Selbstvertrauen nicht dadurch erreicht, daß Sie weniger Probleme hätten als andere Menschen. Sie reagieren nur anders auf Probleme. Sie nehmen sie als gegeben hin, versuchen Ihr Bestes und erkennen dabei an, daß ein Mensch nicht immer Erfolg haben und nicht immer im Mittelpunkt stehen muß. Das unterscheidet Sie von Menschen, die Selbstvertrauen nur vorspiegeln, in Wirklichkeit aber unsicher sind.

Tests 31

Sind Sie Optimist genug?

Bitte kreuzen Sie zu jeder Frage die Antwort an, die am besten zu Ihnen paßt:

1 Sie warten auf einen Freund, der sich mit dem Auto verspätet. Ihr spontaner Gedanke:
a) Vielleicht ist er in einen Verkehrsstau gekommen.
b) Er hat bestimmt Freunde getroffen und den Termin vergessen.
c) Hoffentlich hat er keinen Unfall gehabt.

2 Sie haben neue Freunde kennengelernt und einen wunderschönen Abend mit ihnen verbracht. Ihre Erwartung am nächsten Tag:
a) Sie melden sich heute bestimmt wieder bei mir. Wenn nicht, rufe ich sie an.
b) Wenn sie heute nicht anrufen, liegt das daran, daß sie interessantere Menschen als mich kennen.
c) Sie rufen bestimmt nicht an. Menschen sind eben unzuverlässig.

3 Sie haben sich um einen neuen Job beworben, werden aber abgelehnt. Ihre Reaktion:
a) Ich hätte mich auf das Vorstellungsgespräch doch besser vorbereiten sollen.
b) Ich bin ein Versager.
c) Die waren einfach gegen mich voreingenommen.

4 Nach einem viel zu langen Einkaufsbummel sind Sie schlapp. Sie sagen sich:
a) Jetzt lasse ich es mir noch mal gutgehen: Badewanne und ab ins Bett.
b) Geschieht mir recht, daß ich kaputt bin, was muß ich auch den ganzen Tag Geld ausgeben.

c) Vielleicht habe ich irgendwo einen Bazillus gefangen – und bin jetzt krank.

5 Sie wollen einen verbilligten »Last-Minute«-Flug buchen, kommen aber nur auf die Warteliste. Ihr Gefühl:
a) Morgen probiere ich es eben wieder.
b) Typisch. Ich habe doch immer Pech.
c) Da hat wohl jemand mehr Geld geboten als ich.

6 Ihr Partner kritisiert Sie. Sie denken:
a) Ich denke noch einmal über das nach, was er gesagt hat. Vielleicht finde ich eine gute Lösung für uns beide.
b) Hat er vielleicht das Interesse an mir verloren.
c) Immer meckert er rum.

7 Ihre neugekaufte Uhr geht nach drei Tagen kaputt. Was tun Sie:
a) Zuerst einmal nachschauen lassen, ob die Batterie in Ordnung ist.
b) Sie sind verzweifelt und nehmen sich vor, überhaupt nichts mehr für sich zu kaufen.
c) Wutentbrannt im Geschäft anrufen und sich beschweren.

EQ-Punkte

Ihr bisheriger Punktestand ______

Optimismus ist eine der wichtigsten Grundhaltungen beim Selbst-Management. Bitte geben Sie sich deshalb
100 Punkte, wenn Sie überwiegend a)
0 Punkte, wenn Sie überwiegend b) angekreuzt haben,
und ziehen Sie sich bitte 50 Punkte ab, wenn Sie überwiegend c) angekreuzt haben. ______

Neuer Punktestand: ______

Das bedeutet Ihr Ergebnis:

Überwiegend a)-Antworten: Sie sind Optimist – aber Sie wissen: Glück hat auf Dauer nur, wer sich selbst dafür einsetzt. Sie lassen zwar die Dinge mit großer innerer Ruhe auf sich zukommen. Aber: Sie sind dabei hellwach und erkennen sofort, wann etwas Positives auf Sie zukommt und wann Sie sich selbst vor einer Gefahr schützen müssen.
Überwiegend b)-Antworten: Sie sind so etwas wie ein »verhinderter Optimist«. Sie wissen, daß kein Mensch ohne Vertrauen auf das Glück zufrieden sein kann. Aber: Irgendwie gilt dieser Satz in Ihrem Denken nur für andere Menschen und nicht für Sie selbst. Sie halten sich – im Guten, wie im Schlechten – für etwas zu einzigartig. Nehmen Sie sich selbst etwas weniger ernst, dann wird auch Ihr Leben noch fröhlicher ablaufen.
Überwiegend c)-Antworten: Sie wären gerne optimistischer als Sie sind. Ihre Lebenserfahrung sagt Ihnen: Erst einmal das Haar in der Suppe finden, bevor ich sie esse. Das ist realistisch. Aber: Wenn Sie zu sehr auf die negativen Dinge schauen, übersehen Sie vielleicht zu oft das Gute, das auf Sie zukommt.

Test 32

Sind Sie ein Aufschieber?

Viele Menschen leben nach der Devise »Erst wäg's, dann wag's«. Einige wägen so lange, daß sie sich zum Wagen nicht durchringen. Bitte kreuzen Sie zu allen Fragen »Ja« oder »Nein« an und geben Sie sich für jedes »Ja« einen Punkt.

1. Meist gibt es mehr als eine Sache, an die ich zur selben Zeit denken muß. Ja ❑ Nein ❑
2. Ich kann nur schwer »Nein« sagen. Ja ❑ Nein ❑
3. Alles, was ich mache, muß perfekt sein. Ja ❑ Nein ❑
4. Wenn ich Verpflichtungen habe, muß meine Familie darauf absolut Rücksicht nehmen. Ja ❑ Nein ❑
5. Ich bin überarbeitet und bin stolz darauf. Ja ❑ Nein ❑
6. Oft bleiben wichtige Dinge bei mir liegen. Ja ❑ Nein ❑
7. Im Job komme ich meist früher und gehe meist später als die Kollegen. Ja ❑ Nein ❑
8. Ich kann mir nur schwer helfen lassen, am liebsten mache ich alles selbst. Ja ❑ Nein ❑
9. Bei meiner Arbeit lasse ich mich viel zu oft unterbrechen. Ja ❑ Nein ❑
10. Bei Gesprächen und Diskussionen schweife ich öfter mal vom Thema ab. Ja ❑ Nein ❑
11. Am liebsten wäre ich Cäsar, weil der mehrere Dinge gleichzeitig tun konnte. Ja ❑ Nein ❑
12. Ich habe Schwierigkeiten, Termine zu halten. Ja ❑ Nein ❑
13. Bei allem, was ich tue, kann ich mich nie mit durchschnittlichen Leistungen zufrieden geben. Ja ❑ Nein ❑
14. Ich kann sehr viel mehr als ich zeige. Ja ❑ Nein ❑
15. Vor lauter Kleinkram komme ich oft nicht zu den wichtigen Dingen. Ja ❑ Nein ❑
16. In meinem Leben treten häufiger als bei anderen unvorhergesehen Krisen auf. Ja ❑ Nein ❑

EQ-Punkte

Ihr bisheriger Punktestand ______

Dinge aufzuschieben, die sowieso getan werden müssen, ist einer der größten Fehler beim Selbst-Management und Zeichen von fehlender *Emotionaler Intelligenz*. *Emotionale Intelligenz* bedeutet ja gerade: Über die Spontangefühle und Spontanbedürfnisse hinausgehen und übergeordnete Ziele verfolgen. Bitte geben Sie sich deshalb 100 Punkte, wenn Sie in diesem Test weniger als 8 Punkte. erreicht haben, und ziehen Sie sich bitte für jeden weiteren Punkt, den Sie in diesem Test erreicht haben, 5 Punkte ab. ______

Neuer Punktestand: ______

Das bedeutet Ihr Ergebnis:

Weniger als 8 Punkte: Sie haben wirklich den Blick fürs Wesentliche. Sie können klar unterscheiden zwischen »jetzt« oder »später«. Sie setzen Prioritäten und erledigen die wichtigen Dinge sofort. Was dann liegenbleibt, kann warten – und es gibt auch keine Katastrophen, wenn es auf Dauer nicht erledigt wird. Mit dieser Einstellung zu Ihren Pflichten bringen Sie es weit, denn Sie vermeiden damit Pleiten, Pech und Pannen, die anderen Menschen – oft sind es hochbegabte, die sich nur nicht selbst organisieren können – das Leben so schwermachen.

8-12 Punkte: Sie müßten klarer entscheiden, was Sie jetzt und was Sie später machen wollen. Sie sind ein sehr stark beanspruchter Mensch. Ihr Leben ist ausgefüllt mit Ehrgeiz und Aktivitäten. Aber leider müssen Sie oft die Erfahrung machen: Andere Menschen, die weniger tun und weniger gewissenhaft sind als Sie, haben mehr Erfolg und bekommen mehr Anerkennung als Sie. Woran das liegt? Sie konzentrieren sich auf zu viele Dinge. Und deshalb lassen Sie wichtige Dinge liegen. Was man hinausschiebt, bleibt liegen und wird unter Umständen überhaupt nicht erledigt. Und bei Ihnen sind wichtige Dinge unter denen, die zu lange unerledigt bleiben.

Mehr als 12 Punkte: Sie haben einen großen Perfektionsdrang.

Sie verlangen von sich selbst immer Meisterleistungen. Das führt dazu, daß Sie nicht richtig zwischen »jetzt« oder »später« entscheiden. Statt dessen sagen Sie sich: jetzt UND später. Sie hängen total in Ihren Aufgaben, arbeiten zu viel – denken zumindest ständig an Ihre Pflichten –, und das führt zu großer Überlastung bei Ihnen. Die Folge: Es gibt immer wieder Momente, in denen die Last Ihrer Aufgaben zu schwer wird. Was da helfen kann, klingt einfach, ist aber nicht leicht hinzubekommen: weniger tun und klar auswählen, was Sie erledigen und was Sie von sich weisen.

Teil 4
EQ-Test für bessere Empathie

Können Sie sich in andere Menschen einfühlen?

Jeden Test-Teil dieses Buches beginnen wir mit einem meditativen Test, bei dem es nicht so sehr auf »richtig« oder »falsch« ankommt, sondern darauf, eine wichtige Erfahrung mit sich selbst zu machen. Denn wie gesagt, das Gebiet, auf dem wir die vielleicht wichtigste Erfahrung unseres Lebens machen können, spricht die Ihnen inzwischen bekannte Frage an: Ist Ihr Kopf Ihr Herr oder Ihr Diener?

- In Test-Teil 1 (Seite 35) ging es darum, die uns ständig begleitenden Gedanken, die »wind mills of our minds«, die Windmühlen im Kopf, zu erkennen. *Emotionale Intelligenz* heißt ja, das eigene Leben, speziell das eigene Innenleben, der eigenen Intelligenz zugänglich zu machen.
- In Test-Teil 2 (Seite 67) ging es darum, die »Windmühlen im Kopf« abzustellen. Sie zu kontrollieren, damit sie uns nicht – wie ein Virus dem Computer – die Intelligenz nehmen. Durch Gedankenkontrolle soll diesen »Windmühlen-Gedanken« ihre Herrschaft über uns streitig gemacht werden.
- In Test-Teil 3 (Seite 99) ging es darum, die Kontrolle über die »Windmühlen im Kopf« auf die Kontrolle des eigenen Verhaltens zu erweitern und so aus emotional unintelligentem emotional intelligentes Verhalten zu machen.
- In Test-Teil 5 (Seite 161) wird es darum gehen, das erworbene Wissen auf unser Verhalten mit anderen Menschen zu übertragen: Das Herz soll dabei der Herr werden und der Kopf der Diener.
- In Teil 4 geht es darum, Empathie einzuüben. Das heißt: verstehen, was andere Menschen fühlen. Sich in das Innenleben der anderen Menschen einfühlen können. *Emotionale Intelligenz* heißt ja: jene Teile von Körper, Geist, Seele und unserem Verhalten zu verstehen, die sich dem Verstand nicht erschließen, weil sie zu schnell oder zu irrational ablaufen. Mit Teil 4 wenden wir uns nun also ab von uns selbst und den Mitmenschen zu.

Bitte machen Sie zwei Tests/Übungen:

Test 33

Können Sie »in den Schuhen« der anderen Menschen laufen?

Bitte machen sie sich einmal die Mühe, sieben gute Gründe dafür aufzuschreiben, warum ein anderer Autofahrer bei Ihnen zu dicht auffährt (Gründe, die Sie vielleicht in vergleichbarer Situation ebenfalls für sich an Anspruch nehmen würden):

bringt gerade sein Kind ins Krankenhaus

________________ ________________

________________ ________________

________________ ________________

____

Das bedeutet Ihr Ergebnis:

Es gibt ein Indianer-Sprichwort: »Gehe eine Weile in meinen Mokassins.« Genau so etwas sollten Sie tun, wann immer negative Gefühle hochkommen. Steigen Sie bildlich in die Schuhe der anderen Menschen, nehmen Sie genau deren Platz ein. Und dann sehen Sie, wie sinnlos die meisten negativen Gedanken über andere Menschen sind und wie viele gute Motive die anderen Menschen für ihr Verhalten (das Sie doch so gestört hat) haben.

EQ-Punkte

Ihr bisheriger Punktestand ______

Schreiben Sie sich für jeden Eintrag, den Sie machen, 20 Punkte auf Ihrem Punktekonto gut. ______

Neuer Punktestand: ______

Test 34

Möchten Sie anderen Menschen überhaupt zuhören

Bitte erinnern Sie sich an den letzten Streit, den Sie geführt haben. Schreiben Sie mit einem Stichwort die sieben wichtigsten Argumente auf:

Argumente des Partners	Ihre eigenen Argumente
1. ____________________	____________________
2. ____________________	____________________
3. ____________________	____________________
4. ____________________	____________________
5. ____________________	____________________
6. ____________________	____________________
7. ____________________	____________________

Das bedeutet Ihr Ergebnis:

Wenn Sie jemanden unterbrechen, vermitteln Sie die Botschaft: »Meine Ideen sind wichtiger als deine.« Wer dies öfter macht, wird erleben, daß andere Menschen sich von ihm zurückziehen. Um das zu vermeiden, müssen Sie Zuhören lernen. Wenn es nicht anders geht, zwingen Sie sich, Ihren Mund zu halten. Was würde passieren, wenn Sie einen ganzen Abend einmal nichts sagen und nur zuhören würden? Einmal ehrlich: Welche wirklich bedeutende Erkenntnis hätte die Menschheit dann versäumt?

EQ-Punkte

Ihr bisheriger Punktestand ______

Schreiben Sie sich für jeden Eintrag, den Sie machen, 20 Punkte auf Ihrem Punktekonto gut. ______

Neuer Punktestand: ______

Test 35

Muß Ihre Ehe zum TÜV ?

Zwölf Krisenzeichen, auf die Ehemänner besonders achten sollten. Bitte kreuzen Sie an, wann immer eine der beschriebenen Situationen auf Sie/auf Ihr Leben zutrifft:

- ❑ Schlafen Sie weniger als zwei Mal im Monat mit Ihrer Frau?
- ❑ Geht die Initiative beim Geschlechtsverkehr in aller Regel von Ihnen aus (also: nicht von Ihrer Frau)?
- ❑ Streiten Sie mit Ihrer Frau häufiger als vor drei Jahren?
- ❑ Streiten Sie mit Ihrer Frau, ohne daß es in der Regel spätestens am nächsten Tag zu einer Klärung und einvernehmlichen Regelung kommt?
- ❑ Streiten Sie mit Ihrer Frau, ohne daß es zu einer Versöhnung kommt?
- ❑ Liegt es länger als eine Woche zurück, daß Sie wenigstens zwei Stunden lang mit Ihrer Frau zusammengesessen und nur über persönliche Dinge geredet haben (also nicht über Beruf oder Geschäft, nicht über Verwandte, Freunde und andere Menschen, nicht über Steuern, Politik oder andere »wichtige Themen«)?
- ❑ Arbeitet Ihre Frau und macht sie gleichzeitig den Haushalt?
- ❑ Sind Sie beruflich in einer Aufbauphase, die eigentlich alle Ihre Kräfte erfordert?
- ❑ Regelt Ihre Frau (fast) alle privaten Außenkontakte der Familie?
- ❑ Muß Ihre Frau manchmal zwischen Ihnen und Ihren Eltern »vermitteln«?
- ❑ Haben Sie selbst gesundheitliche Probleme? Oder aber: Erscheint Ihnen Ihre Arbeit manchmal nur noch Routine zu sein, die keinen Reiz mehr hat?
- ❑ Ertappen Sie sich dabei, wie Sie nach anderen Frauen schauen?

EQ-Punkte

Ihr bisheriger Punktestand ______

Bitte ziehen Sie sich für jedes Kreuz, das Sie gemacht haben, 20 Punkte von Ihrem Punktekonto ab.

Neuer Punktestand: ______

Das bedeutet Ihr Ergebnis:

Zwölfmal können Sie bei diesen Fragen mit »Ja« antworten. Wie oft haben Sie, ehrlichen Herzens, »Ja«gesagt? Jede dieser Fragen zeigt einen möglichen Gefahrenherd für Ihre Ehe auf. Das schlimme dabei: Kaum ein Mensch bemerkt diese Gefahrenherde, weil sie zu einem ganz normalen Leben gehören. Im Grunde geht es immer um dasselbe Problem: Menschen heiraten, fangen an, ein gemeinsames Leben aufzubauen – und dann geht man voll in dieser Aufbauphase auf. Die Chancen und Pflichten nehmen einen voll in Anspruch.

Und was fehlt, das ist unverplante Zeit für ein Zusammensein mit dem Partner. Geben Sie sich einmal Rechenschaft darüber, wie viele Stunden Sie sich in der Woche ganz auf Ihre Partnerin/Ihren Partner konzentrieren.

Partnerprobleme sind tückisch. Sie schleichen sich ein wie ein Virus, den man sich irgendwann holt, es aber lange nicht bemerkt. Das wird Ihnen jeder sagen, der eine kaputte Ehe hinter sich hat. Was also tun?

Schlagen Sie sich einmal zwei Stunden frei, in denen Sie in Gedanken nur bei Ihrer Partnerin/Ihrem Partner sind. Und wenn das nicht gelingt? Wenn Sie vielleicht diese zwei Stunden nicht haben? Wenn Sie diesen Rat für Unsinn halten? Oder wenn Sie es probieren, aber dabei ständig abgelenkt sind und an etwas anderes denken? Wenn kein Gespräch aufkommen will oder wenn Sie sich einfach unwohl fühlen? Dann haben Sie einen wichtigen Test gemacht!

Test 36

Können Sie mit »weicher« Information umgehen?

Oft müssen wir Entscheidungen treffen, Urteile abgeben oder Meinungen äußern, ohne alle Fakten zu kennen. Es bleibt auch nicht immer Zeit, um wirklich über eine Sache nachzudenken, weil die Menschen an unseren Worten schon nicht mehr interessiert sind, wenn wir nicht spontan reagieren. In solchen Situationen hilft einem die allgemeine Lebenserfahrung. Hier sind 16 Fragen – bitte antworten Sie auf jede spontan mit »richtig« oder »falsch«

1. Wer Menschen beurteilt, sollte sich am besten auf seinen ersten Eindruck verlassen. richtig ❑ falsch ❑
2. Lotto ist kein Glücksspiel, weil mit Lottogeld soziale Zwecke unterstützt werden. richtig ❑ falsch ❑

   Menschen weißer Hautfarbe sind allgemein intelligenter als Schwarze. richtig ❑ falsch ❑
3. Verkehrspolizisten und Politessen wollen einem immer nur Geld abknüpfen. richtig ❑ falsch ❑
4. Das Fernsehen ist so übermächtig, daß es bald keine Zeitschriften mehr gebenwird. richtig ❑ falsch ❑
5. Alle Menschen, die nicht zur Kirche gehen, sind Sünder. richtig ❑ falsch ❑
6. Was der Wetterbericht sagt, ist meist falsch. richtig ❑ falsch ❑
7. Die meisten Politiker wirtschaften in die eigene Tasche. richtig ❑ falsch ❑
8. Verkehrsstaus lassen sich effektiv nur dadurch beseitigen, daß mehr Straßen gebaut werden. richtig ❑ falsch ❑

9. In meiner Jugend waren die Menschen glücklicher als heute. richtig ❑ falsch ❑
10. Wer arbeitslos ist, ist zumeist arbeitsscheu. richtig ❑ falsch ❑
11. Alkohol ist genauso gefährlich wie Drogen. richtig ❑ falsch ❑
12. Je bekannter ein Produkt ist, desto besser ist es auch. richtig ❑ falsch ❑
13. Die Menschen in Südeuropa sind weniger fleißig als die Nordeuropäer. richtig ❑ falsch ❑
14. Männer haben einen höheren IQ als Frauen. richtig ❑ falsch ❑
15. Alt sein ist gekennzeichnet durch Leiden. richtig ❑ falsch ❑

Bitte geben Sie sich für jedes Mal, bei dem Sie »falsch« angekreuzt haben, 1 Punkt.

EQ-Punkte

Ihr bisheriger Punktestand ______
Bitte ziehen Sie sich für jedes Kreuz, das Sie gemacht haben,5 Punkte von Ihrem Punktekonto ab. ______
Neuer Punktestand: ______

Das bedeutet Ihr Ergebnis:

Weniger als 5 Punkte: Die Aussagen in diesem Test klingen für viele plausibel, aber keine hält der genauen Nachprüfung stand. Deshalb war »falsch« jedesmal die richtige Antwort. Sie schaffen es, mit Zweifeln zu leben. Sie streben keine gedankliche Sicherheit an, wo es sie nicht geben kann. Wenn es mehr Menschen Ihrer Denkart geben würde, wäre unsere Welt toleranter.
5 bis 10 Punkte: Sie kommen immer wieder zu vernünftigen Meinungen und Urteilen. Sie machen sich Gedanken und prüfen

die Fakten, bevor Sie sich äußern. Und wichtiger: Sie wissen, daß man sich selbst auch täuschen kann und daß eine Meinung nicht schon deshalb richtig ist, weil sie von der Mehrheit geteilt wird. Viel Unglück entsteht auf der Welt, weil zu viele Menschen vorgefertigte Meinungen (»Vor-Urteile«) haben, statt immer wieder den Einzelfall zu prüfen. Sie wollen zu dieser Gruppe nicht gehören. Das erfordert den Mut, gegen den Strom zu schwimmen. Aber das lohnt sich.

Mehr als 11 Punkte: Viele Punkte in diesem Test bedeuten leider ausnahmsweise kein gutes Ergebnis. Alle Aussagen in diesem Test sind zwar für die meisten Menschen plausibel, sie treffen manchmal sogar zu. Aber wer zu ihnen »richtig« sagt, der macht aus diesem »manchmal« ein »absolut immer«. Und das genau macht den Unterschied zwischen einem emotional intelligenten Urteil und einem nur emotionalen Urteil aus. Wir müssen lernen, nicht alles, was uns spontan richtig erscheint, für richtig zu halten. Der Lohn: zuallererst eine Befreiung von manch alten Denkgewohnheiten, die uns manchmal die Gedankenarbeit einfacher machen – aber sie machen uns und unseren Mitmenschen meist das Leben schwerer.

Test 37

Sind Sie ein guter Nachbar?

Nachbarn können Freunde sein oder sich das Leben schwermachen. Wie ist es in Ihrer Wohngegend, wenn Sie einmal Ihre Nachbarn kritisch betrachten? Bitte kreuzen Sie a) an oder b):

a) Mir ist es das wichtigste, mit meinen Nachbarn in Frieden zu leben.
b) Das wichtigste ist mir ein intensiver Kontakt zu den Nachbarn – auch wenn es mal hoch hergeht.

a) Meist versuche ich, Gesprächen im Hausflur oder über den Gartenzaun aus dem Wege zu gehen.
b) Ich unterhalte mich mit den meisten Nachbarn gut und gern.

a) Ich lasse keinen Nachbarn in meine Wohnung, wenn nicht alles tipptopp ist.
b) Meine Nachbarn haben schon häufiger erlebt, daß hinter meiner Wohnungstür nicht alles Gold ist, was glänzt.

a) Ich finde, die meisten Leute meiner Wohngegend sind zu liederlich.
b) Ich finde, nicht jeder Nachbar muß bei Sauberkeit und Ordnung ein Vorbild sein.

a) Bei uns in der Straße herrscht ein regelrechter Kehr- und Putzterror.
b) Das Maß an »öffentlicher Ordnung« bei uns in der Straße finde ich absolut aktzeptabel.

a) In unserer Nachbarschaft gibt es zu große Bildungsunterschiede.
b) Bei uns in der Gegend ist nicht jeder gebildet, aber keiner zeigt dem anderen seine geistige Überlegenheit.

a) Beim Umgang mit Nachbarn kommt es in erster Linie auf Höflichkeit an.
b) Beim Umgang mit Nachbarn kommt es in erster Linie auf Herzlichkeit an.

a) Jeder Staat braucht Kinder, aber bei uns in der Gegend gibt es einfach zu viele Kinder.
b) Ich kann gar nicht genug Kinder um mich haben.

a) Ich habe jeden Tag Angst, daß mir das Auto vor der Haustür verkratzt werden könnte.
b) Wenn mein Auto mal einen Kratzer abbekäme, würde davon die Welt auch nicht untergehen.

a) Ich würde nie auf die Idee kommen, mir von Nachbarn mal etwas Milch oder ein paar Gewürze zu borgen.
b) Ich habe mir schon mal von Nachbarn Kleinigkeiten geborgt.

a) Ich mag es eigentlich nicht, wenn Leute klingeln und fragen, ob sie etwas bis morgen borgen können, weil die Geschäfte schon zu sind.
b) Bei mir klingelt ab und zu jemand, weil er vergessen hat, etwas einzukaufen.

a) Ich kümmere mich nicht darum, wer bei den Nachbarn verkehrt.
b) Ich weiß ziemlich genau, wer in unserer Nachbarschaft ein und aus geht.

a) Bei uns könnte sogar jemand sterben, und man würde es nicht merken.
b) Bei uns könnte es nie passieren, daß ein Nachbar, der allein lebt, länger als ein paar Stunden krank ist und unversorgt bleibt.

a) Vor manchen Nachbarn habe ich Angst.
b) Ich fühle mich in meinen vier Wänden sicher.

a) Manchmal stört es mich, daß ich so viele Nachbarn habe.
b) Ich freue mich immer, wenn ich einen Nachbarn sehe und einen guten Tag wünschen kann.

a) Auf unsere Grünflächen sind wir hier alle stolz, weil sie so gut in Schuß sind.
b) Unsere Grünflächen sehen immer ein bißchen ramponiert aus, weil jeder sie nutzt.

a) Laut gefeiert wird bei uns, wie es Vorschrift ist: pro Wohnung nur einmal im Monat.
b) Hier gibt es eigentlich ständig Feiern und Action.

a) Hunde sollten verboten werden, weil sie zu viel Dreck machen.
b) Ich nehme es hin, daß auch Hunde ihr Geschäft irgendwo verrichten müssen.

a) Es ist ein großer Fortschritt, daß es heute keine Gemeinschafts-Waschküche mehr für das ganze Haus gibt.
b) Ich fände es schön, wenn man sich – wie in ärmeren Zeiten – in gemeinsamen Waschküchen oder sonstwie bei der Hausarbeit häufiger über den Weg laufen würde.

a) Mich hat noch niemand gefragt, ob ich bei meinen Besorgungen etwas nachbarschaftlich miterledigen könnte.
b) Meist bin ich es, den die Menschen um einen kleinen Gefallen bitten.

a) Eigentlich hätte ich Lust, aus meiner Wohngegend wegzuziehen.
b) Ich möchte hier noch lange wohnenbleiben.

EQ-Punkte

Ihr bisheriger Punktestand ______

Bitte schreiben Sie sich 50 Punkte auf Ihrem EQ-Konto gut, wenn Sie in diesem Test mehr als 16 Punkte erreicht haben, und 30 Punkte, wenn Sie zwischen 11 und 16 Punkte erreicht haben. ______

Neuer Punktestand: ______

Und das bedeutet Ihr Ergebnis:

Sie haben b) mehr als 16 mal angekreuzt: Sie sind ein richtig guter Nachbar. Sie sind freundlich und hilfsbereit, und Sie sind tolerant. Leben und leben lassen – das gilt für Sie besonders in der direkten Nachbarschaft. Sie wissen: Nicht jeder kann so sein wie Sie es sind. Und daß es Unterschiede zwischen den Menschen gibt, empfinden Sie als Bereicherung. Sie fühlen sich in Ihrer Wohngegend wohl. Das zeigen Sie den Nachbarn auch. Deshalb ist es eine Freude für die Nachbarn, wenn sie Ihnen begegnen. Sie helfen den Nachbarn, aber genauso freimütig bitten Sie um Hilfe, wenn Sie sie brauchen. Und Sie zeigen Interesse für das Leben der Menschen um Sie herum. Denn aneinander vorbeizuleben, macht ja noch keine gute Nachbarschaft.

Sie haben b) zwischen 11 und 16 mal angekreuzt: Sie sind ein guter Nachbar, freundlich, höflich und korrekt. Ihnen kann keiner etwas vorwerfen, keine Ruhestörung, keine Unordnung oder wonach die Leute sonst so schauen. Das wichtigste für Sie ist, daß die Privatsphäre jedes Menschen geachtet wird. Das haben Sie durch Ihr Verhalten erreicht, aber vielleicht sind Sie deshalb etwas isolierter als andere Menschen im Haus oder in der Straße. Wenn Sie daran etwas ändern wollten, müßten Sie mehr Kontakt haben, und das bedeutet natürlich auch: sich mehr für die anderen interessieren und sich auch selbst mehr in die Karten schauen lassen. Je älter und vernünftiger man wird, desto eher ist man dazu bereit, weil Kontakt ja wichtiger ist als die Diskretion wie in einem Hotel.

Sie haben b) weniger als 11 mal angekreuzt: Sie fühlen sich in Ihrer Nachbarschaft offenbar nicht ganz »zu Hause«. Vielleicht passen Ihnen die Menschen nicht, seine Nachbarn kann man sich ja nicht aussuchen. Sie halten sich daher von den Leuten eher fern, auch um mögliche Unstimmigkeiten zu vermeiden. Das ist soweit richtig, allerdings gilt auch: Wer sich absondert, von dem haben die Nachbarn das Gefühl »Der/die hält sich für etwas Besseres«. Das tolerieren die Menschen nicht. Deshalb wäre das Wohnen für Sie vermutlich angenehmer, wenn Sie sich öfter mal auf ein freundliches Wort mit den Nachbarn einlassen würden. Es ist ja so: Nur Kontakt schafft auf Dauer Sympathie.

Test 38

Haben Sie ein zeitgemäßes Verständnis von Weiblichkeit?

Bitte kreuzen sie alle Aussagen an, die Ihrer Meinung nach im positiven Sinne weiblich sind.

Eine Frau sollte ...

- ❑ ihre Familie immer ernster nehmen als ihren Beruf.
- ❑ niemals verlangen, daß die Familie wegen ihrer Arbeit besondere Rücksicht auf sie nimmt.
- ❑ immer für ihren Mann schön aussehen – auch wenn sie viel arbeitet.
- ❑ die finanziellen Dinge dem Mann überlassen.
- ❑ nicht erwarten, daß der Mann sich an den Pflichten im Haushalt beteiligt.
- ❑ immer wissen, was gekocht wird.
- ❑ Familienpflichten, die dem Mann nicht liegen, bereitwillig übernehmen.
- ❑ für die Familie den Kontakt zu Verwandten und Freunden halten.
- ❑ sich um die Gesundheit aller Familienmitglieder kümmern.
- ❑ sich in Gesellschaft zurückhalten und den Männern das große Wort überlassen.
- ❑ auch in Gesellschaft ihren Mann ständig umsorgen.
- ❑ Anteil an den Hobbys ihres Mannes nehmen, wenn er das erwartet.
- ❑ den Mann loben, wenn er in der Wohnung etwas richtet...
- ❑ ... und sollte ihm dabei mit kleinen Handreichungen helfen.
- ❑ Männer nicht mit Geschichten über ihre Arbeit aufhalten.
- ❑ sich nie anmerken lassen, daß sie mehr kann als Männer.
- ❑ in Diskussionen mit Männern nie recht behalten wollen.
- ❑ liebenswürdig sein – auch wenn andere Menschen zu ihr nicht liebenswürdig sind.

- ❑ ihre Interessen – sogar bei der Auswahl des Fernsehprogramms – der Familie unterordnen.
- ❑ ihre Gefühle immer kontrollieren und nie aus der Haut fahren.
- ❑ wenn andere Familienmitglieder emotional werden, die Wogen mit Sanftmut glätten.
- ❑ nie laut werden – auch wenn sie einmal etwas getrunken hat.
- ❑ alle eigenen Ängste und Schwächen sofort dem Mann offenbaren.
- ❑ dem Mann alle Schwierigkeiten aus dem Wege räumen.
- ❑ dafür sorgen, daß der Mann niemals vor anderen als ängstlich und schwach dastehen könnte.
- ❑ den Mann niemals warten lassen.
- ❑ niemals beim Mann das Autofahren kritisieren.
- ❑ immer nur zum eigenen Partner, niemals aber zu fremden Männern charmant sein.
- ❑ immer über Witze der Männer lachen.
- ❑ niemals Scherze über Männer machen.
- ❑ den Mann nie eifersüchtig machen.
- ❑ bereit für die Liebe sein, wenn dem Partner danach ist.

EQ-Punkte

Ihr bisheriger Punktestand _____

Bitte schreiben Sie sich 30 Punkte gut, wenn Sie „weniger als 15 Punkte“ erhalten haben. _____

Neuer Punktestand: _____

Das bedeutet Ihr Ergebnis:

Mehr als 20 Kreuze: Sie haben in vieler Hinsicht das »Idealbild« von Weiblichkeit angekreuzt – dies allerdings aus der Sicht von Männern, die immer noch den alten (den veralteten) Vorstellungen von Mann und Frau anhängen. Für unsere heutige Zeit ordnen Sie sich dem Manne aber viel zu sehr unter. Wenn Sie als Frau einen Mann an Ihrer Seite haben, der das zu würdigen weiß und Sie mit Liebe und Fürsorge heute und für alle Zeit umsorgt, wird niemand etwas Negatives daran finden. Aber wir wissen, daß sich Zeiten und Lebenssituationen unerwartet ändern können – und dann stehen Sie ohne den gewohnten Partner an Ihrer Seite vielleicht zu unselbständig da. Weiblichkeit muß sich heute deshalb auch darin zeigen, daß wirklich beide Partner in gleichem Recht miteinander umgehen.

12 bis 20 Kreuze: Sie haben ein sehr weibliches, aber eben kein unterwürfiges Frauenbild. Die treu und selbstlos sorgende »Martha« aus der Bibel ist Ihnen deshalb weniger Beispiel als Warnung. Sie wissen, daß eine Frau, die sich immer und ungefragt dem Manne unterordnet, heute und in Zukunft einen immer schwereren Stand im Leben hat. Und Ihnen kommt der Zeitgeist entgegen, denn auch viele Männer suchen eine selbstbewußte Partnerin, die für ihre Rechte eintritt.

Weniger als 15 Kreuze: Sie haben ein im positiven Sinne selbstbewußtes Frauenbild. Ein Leben für Frauen aus »zweiter Hand« lehnen Sie ab: Frauen sollten sich nicht von einem Mann abhängig machen, denn Sie können in jeder Weise für sich selbst sorgen – und gerade diese Eigenschaften machen Frauen für eine Partnerschaft, die Zukunft hat, attraktiv. Beruf ist für Frauen genauso wichtig wie Familie, in der Gesellschaft nehmen Frauen ihren Platz ein, und der ist nicht immer unbedingt an der Seite ihres Mannes. Sie finden Frauen vorbildlich, sich nicht erst dann als richtige Frau fühlen, wenn ein Mann ihnen das bestätigt. Das Leben solcher Frauen ist vielleicht in manchen Aspekten anstrengender als das von Frauen, die sich ganz auf ihren Mann einstellen. Aber ihr Lohn ist: gute Partnerschaft, in der weder Frau noch Mann zu kurz kommen.

Test 39

Können Sie zwischen zwei Menschen Frieden stiften?

Oft wird man in den Streit von zwei Leuten hineingezogen. Wer recht hat, weiß man nicht, aber es gibt Zeichen, die einem sagen: Der eine ist im Recht, der andere nicht. Bitte kreuzen Sie »Ja« an, wenn Sie in den folgenden zehn Aussagen über »Streithähne« solch ein Zeichen finden:

1 Wer bei einem Streit noch lachen kann, hat meist die Wahrheit auf seiner Seite. Ja ❑ Nein ❑

2 Wer schreit, hat Unrecht. Ja ❑ Nein ❑

3 Wer unsachlich wird, auf dessen Meinung braucht man nichts zu geben. Ja ❑ Nein ❑

4 Wer einen Streit abbrechen will, bevor ganz klar ist, wer recht und wer unrecht hat, ist sich seiner Sache nicht ganz sicher. Ja ❑ Nein ❑

5 Wer bei einem Streit weint, versucht, Sympathie zu wecken, weil seine Argumente nicht viel taugen. Ja ❑ Nein ❑

6 Wer seine Argumente konsequent, ruhig und sachlich vorbringt, hat die Wahrheit auf seiner Seite. Ja ❑ Nein ❑

7 Wer bei einer Auseinandersetzung den Argumenten des anderen nicht folgen kann, ist in seinen eigenen Argumenten nicht völlig ernst zu nehmen. Ja ❑ Nein ❑

8 Wer rot wird, ist bei einer Lüge ertappt worden. Ja ❑ Nein ❑

9 Wer nach Worten ringt, stottert oder in unvollständigen Sätzen spricht, hat meistens Unrecht. Ja ❑ Nein ❑

10 Wer jedes Argument seines Gegner widerlegt, muß einfach recht haben. Ja ❑ Nein ❑

EQ-Punkte

Ihr bisheriger Punktestand ______

Bitte schreiben Sie sich 30 Punkte gut, wenn Sie weniger als dreimal „Ja" angekreuzt haben und 15 Punkte, wenn Sie 4 bis 7mal „Ja" angekreuzt haben. ______

Neuer Punktestand: ______

Das bedeutet Ihr Ergebnis:

8 oder mehr »Ja«: Leider – Sie sind kein guter Friedensstifter. Bei Ihnen bekommt recht, wer souverän und gelassen auftritt – etwa wie ein Rechtsanwalt oder ein Staatsanwalt vor Gericht. Bedenken Sie aber: Nirgends wird so viel gelogen wie vor Gericht; bei jeder Gerichtsverhandlung verliert einer der beiden Anwälte den Prozeß (hat also gerichtlich bescheinigt unrecht gehabt); und: Bei vielen Prozessen schließt sich das Gericht keiner von beiden Seiten an, was heißt, daß die Wahrheit bei keinem der Anwälte zu finden war. Kurz gesagt: Wer Frieden unter Menschen stiften will, muß wie ein guter Richter handeln. Er darf sich nicht vom Auftreten eines Menschen oder von seinem Profitum bei Auseinandersetzungen blenden lassen.

4 bis 7 mal »Ja«: Sie bemühen sich, bei einem Streit gerecht zu urteilen. Aber leider ist ein noch so gerechtes Urteil meist noch nicht der Weg, auf dem zerstrittene Menschen Frieden finden. Meist haben nämlich beide irgendwo recht – und Frieden gibt es nur, wenn bei einem Streit beide Seiten einen Sieg oder einen Teilsieg davontragen.

3 mal »Ja« und weniger: Ihnen kann man als Schlichter und Friedensstifter trauen. Sie lassen sich weder von starkem Auftreten blenden, noch davon, daß eine Partei »die menschliche Karte« zieht und auf der Mitleidswelle reitet. Sie sorgen dafür, daß beide Seiten gehört werden – und wenn das geschieht, ergibt sich der wirklichen Frieden stiftende Kompromiß meist von selbst.

Wie gut ist Ihre Menschenkenntnis?

Bitte beantworten Sie die folgenden 15 Fragen. Sie enthalten wichtige Aussagen über Menschen.

Alt werden bedeutet: Verlust an Lebensfreude.
Ja ❑ Nein ❑ könnte sein/könnte nicht sein ❑

Der Mensch ist von Natur aus schlecht.
Ja ❑ Nein ❑ könnte sein/könnte nicht sein ❑

Deutsche sind aggressiv.
Ja ❑ Nein ❑ könnte sein/könnte nicht sein ❑

Die Menschen in der DDR haben sich unfrei, unterdrückt und unglücklich gefühlt.
Ja ❑ Nein ❑ könnte sein/könnte nicht sein ❑

Frauen sind weniger leistungsfähig als Männer.
Ja ❑ Nein ❑ könnte sein/könnte nicht sein ❑

Juden haben mehr kaufmännisches Geschick als zum Beispiel die Schwaben.
Ja ❑ Nein ❑ könnte sein/könnte nicht sein ❑

Kommunisten können nicht in den Himmel kommen.
Ja ❑ Nein ❑ könnte sein/könnte nicht sein ❑

Krankheit nimmt jedem Menschen die Lebensfreude.
Ja ❑ Nein ❑ könnte sein/könnte nicht sein ❑

Menschen mit Übergewicht sind krank.
Ja ❑ Nein ❑ könnte sein/könnte nicht sein ❑

Ob ein Kind auf die schiefe Bahn gerät, hängt allein von den Eltern ab.
Ja ❑ Nein ❑ könnte sein/könnte nicht sein ❑

Südeuropäer sind unordentlicher als Nordeuropäer.
Ja ❑ Nein ❑ könnte sein/könnte nicht sein ❑

Weiße sind von Natur aus intelligenter als Schwarze.
Ja ❑ Nein ❑ könnte sein/könnte nicht sein ❑

Wenn man einen Menschen in die Enge treibt, dann wehrt er sich.
Ja ❑ Nein ❑ könnte sein/könnte nicht sein ❑

Wer aus einer guten Familie stammt (Professoren, Adel, Unternehmer), wird zu einem moralisch besseren Menschen erzogen.
Ja ❑ Nein ❑ könnte sein/könnte nicht sein ❑

Wer viel Geld verdient, geht am wirklichen Leben vorbei.
Ja ❑ Nein ❑ könnte sein/könnte nicht sein ❑

EQ-Punkte

Ihr bisheriger Punktestand ______

Bitte schreiben Sie sich 50 Punkte gut, wenn Sie überwiegend »könnte sein/könnte nicht sein« und 30 Punkte wenn Sie nicht mehr als 10 mal »Ja« oder »Nein« angekreuzt haben. ______

Neuer Punktestand: ______

Das bedeutet Ihr Ergebnis:

Die 15 Aussagen über Menschen in diesem kleinen Test werden zwar von vielen Menschen geteilt. Aber sie sind allesamt unbewiesen. Es sind Vorurteile. Wer ihnen nachgibt, hat keine gute – schlimmer noch: eine verfestigte, aber falsche – Menschenkennt-

nis. Die richtige Antwort zu jeder Aussage, die von guter Menschenkenntnis zeugt, ist deshalb »könnte sein/könnte nicht sein«.

Nur »Ja« oder »Nein« angekreuzt: Ihre Menschenkenntnis ist nicht besonders hoch einzuschätzen. Sie hängen an gängigen Vorurteilen über Nationalitäten, Geschlechter oder Gruppen und sehen den einzelnen Menschen mit seinen besonderen Eigenarten zu wenig.
Mehr als 10 mal »Ja« oder »Nein« angekreuzt: Ihre Menschenkenntnis kann gesteigert werden. Voraussetzung dazu: sich zum eigenen Nichtwissen zu bekennen und sehr viel vorsichtiger beim Abgeben von Urteilen und Meinungen über Menschen zu sein.
Überwiegend »könnte sein/könnte nicht sein« angekreuzt: Sie haben den Mut, keine Urteile über Menschen zu fällen, die sich nur auf vordergründige Merkmale stützen. Gerade weil Sie in Ihrer Meinung zurückhaltend sind, bringen Sie die Grundvoraussetzung für eine gute Menschenkenntnis mit.

Teil 5

EQ-Test für besseres Engagement mit anderen Menschen

Test 41

Möchten Sie vertrauen?

Bitte notieren Sie zehn Punkte, bei denen Sie das Gefühl haben, zu kurz zu kommen:

Beispiel: *Im Flugzeug wird mir fast immer der undankbare Sitz in der Mitte zugewiesen*

Ihre Beispiele: ____________________

____

____

____

____

____

____

____

____

____

Bitte prüfen Sie, ob Ihr Eindruck wirklich stimmt

Registrieren Sie einfach die nächsten zehn oder 20 Mal, die Sie fliegen, wo man Sie plaziert. Vermutlich werden Sie zu Ihrer Überraschung feststellen, daß die Welt gar nicht so schlecht zu Ihnen ist und daß Ihr Eindruck, »die Bodenstewardessen mögen mich nicht oder sie sind eben feindselige Personen«, falsch ist.

EQ-Punkte

Ihr bisheriger Punktestand ______

Schreiben Sie sich für jeden Eintrag 10 Punkte gut. ______

Schreiben Sie sich weitere 40 Punkte gut, wenn Sie einen Fall fehlenden Vertrauens durch emotional intelligente Überlegungen gelöst und ad acta gelegt haben. ______

Neuer Punktestand: ______

Test 42

Möchten Sie sich behaupten?

Bitte machen Sie eine ähnliche Liste wie bei Test 41. Schreiben Sie die Namen von Menschen auf, die Ihnen geschadet haben.

____________	____________	____________	____________
____________	____________	____________	____________
____________	____________	____________	____________
____________	____________	____________	____________
____________	____________	____________	____________
____________	____________	____________	____________
____________	____________	____________	____________
____________	____________	____________	____________
____________	____________	____________	____________
____________	____________	____________	____________

EQ-Punkte

Ihr bisheriger Punktestand ______

Schreiben Sie sich für jeden Eintrag, den Sie in die Liste machen, 10 Punkte auf Ihrem Punktekonto gut. Schreiben Sie sich weitere 40 Punkte gut, wenn Sie geprüft haben, ob Sie sich durch feindseliges Verhalten dieser Person gegenüber mehr nutzen oder mehr schaden, wenn Sie also sicher sind, daß der andere nicht mehr Macht hat als Sie. ______

Neuer Punktestand: ______

Das bedeutet Ihr Ergebnis:

Streichen Sie von der Liste alle Namen der Menschen, für deren Verhalten Sie einen akzeptablen Grund angeben können (wie in Test/Übung 41, aber auch 11 B, 11 C, 33 und 34 praktiziert). Bitte beraten Sie sich mit Freunden, ob Ihr Eindruck wirklich stimmt. Nicht immer ist Feindseligkeit, die Sie selbst spüren, ein Produkt Ihrer Einbildung. Wenn also ein anderer Mensch Sie wirklich und ernstlich schlecht behandelt, was sollten Sie tun? Wenn der aggressive Mensch jemand ist, den Sie im Leben nicht um sich brauchen, ist es vermutlich am besten, ihn abzuhaken und nicht mehr zu sehen.

Aber wenn es jemand ist, den Sie nicht umgehen können (ein Mitarbeiter, ein Familienmitglied, ein Mensch, der trotz Feindseligkeit auch viele positive Eigenschaften hat), dann versuchen Sie, ihm oder ihr in ruhiger Weise zu sagen, was Sie an dem Verhalten stört und warum.

Schlagen Sie eine konkrete Lösung für ein konkretes Problem vor. Versichern Sie dem anderen Menschen (falls es der Fall ist), daß Sie ihn nicht generell als Mensch abwerten, sondern daß es Ihnen nur um dieses speziell benannte Verhalten geht. Das ist im Kern, was es heißt, sich selbst zu behaupten. Es ist kompliziert, aber es ist die beste Alternative zu Feigheit oder Aggression.

Test 43

Können Sie sich vorstellen, dieser Tag ist Ihr letzter?

Gehen Sie die Liste der Personen von Test 42 noch einmal durch und fragen Sie sich: Wenn ich den Triumph eines Sieges über diesen Menschen gar nicht mehr auskosten könnte: würde ich dann noch gegen ihn kämpfen?

EQ-Punkte

Ihr bisheriger Punktestand ______

Schreiben Sie sich für jeden Namen, den Sie jetzt wieder von der Liste streichen, 100 Punkte auf Ihrem Punktekonto gut. ______

Neuer Punktestand: ______

Test 44

Können Sie vergeben?

Gehen Sie die Liste der Personen noch einmal durch und fragen Sie sich: »Schaffe ich es, diesem Menschen zu vergeben?«

EQ-Punkte

Ihr bisheriger Punktestand	______
Schreiben Sie sich für jeden Namen, den Sie jetzt wieder von der Liste streichen, 100 Punkte auf Ihrem Punktekonto gut.	______
Neuer Punktestand:	______

Das bedeutet Ihr Ergebnis:

Die hier zusammengestellten kleinen Tests über Vertrauen und Vergebung gehen auf Ratschläge von Prof. Redford Williams, einem der führenden Präventiv-Mediziner der Welt, zurück. Williams sagt: *Wenn Sie das Ziel, Rache zu üben, aufgeben, werden Sie spüren, daß pfundweise Ärger von Ihren Schultern abfällt, daß der innere Schmerz nachläßt und die Erinnerung an das Unrecht, das man Ihnen angetan hat, verblaßt.* Williams erklärt weiter: *Wenn ich mit Herzpatienten spreche und sie nach ihrem Ärger frage und wie sie damit umgehen, höre ich seit vielen Jahren: »Oh, ich bin sehr oft wütend geworden, aber nach meinem Herzinfarkt ist mir klar geworden, daß all die Sachen, die mich so aufregen, es eigentlich nicht wert sind.«*
Seine Schlußfolgerung: *Warum wollen Sie bis nach Ihrem Herzinfarkt damit warten, etwas gegen Ihre negativen und feindseligen Einstellungen zu tun?*

Test 45

Sind Sie sympathisch?

Wie wirken Sie auf andere Menschen? Strahlen Sie Sonnenschein aus? Oder blenden Sie die anderen mit zu stark strahlenden Augen? Bitte entscheiden Sie sich bei jeder Frage für eine Antwort und kreuzen Sie dann a) oder b) an.

Was ist morgens beim Aufstehen wichtiger?
a Der Welt ein freundliches Gesicht zeigen.
b Erst mal die Müdigkeit herauslassen.

Was tun Sie, wenn Ihr Gegenüber beim Frühstück ein Morgenmuffel ist?
a Ich muntere den Menschen auf.
b Ich gebe ihm Zeit, zu sich zu kommen.

In den Ferien bevorzugen Sie
a Action. Ramba Zamba.
b Lange Spaziergänge.

Im Lokal möchte sich jemand an Ihren Tisch setzen, obwohl hinten in der Ecke noch ein Tisch frei ist. Darf er?
a Nur, wenn er ausgesprochen sympathisch ist.
b Ja – die meisten Menschen entpuppen sich als nett und unterhaltsam.

Wie fühlen Sie sich, wenn Sie sich stark angestrengt haben? Körperlich müde ...
a ... und seelisch ebenfalls müde.
b ... aber seelisch munter.

Die Bahn hat Verspätung. Alle schimpfen. Und Sie?
a Ich amüsiere mich im stillen über die Menschen.
b Ich schimpfe mit.

Das Leben bedeutet für mich – in einem Wort zusammengefaßt:
a eine Freude.
b eine Bewährungsprobe.

Wie halten Sie sich unangenehme Zeitgenossen vom Leibe?
a Ich schaffe Distanz durch besonders gutes Benehmen.
b Ich reagiere nicht auf sie.

Ein Paar, das Sie nervt, wohnt im Urlaub neben Ihnen und sucht Anschluß. Wie würden Sie auf Kontaktversuche eingehen?
a Ich würde die Leute meiden, wo es geht, ansonsten aber freundlich sein.
b Ich würde einen Abend mit ihnen verbringen – und wenn es nicht angenehm war, offen sagen, daß man keinen Kontakt haben sollte.

Wie sind Sie bei neuen Menschen, denen Sie das erste Mal begegnen?
a Umsichtig, damit ich nichts falsch mache.
b So, wie ich immer bin, damit sie gleich wissen, an wen sie geraten sind.

Wenn Sie im Ausland sind, mit wem haben Sie dann Kontakt?
a Meistens doch mit Landsleuten.
b Möglichst mit Ausländern.

Wie sind Sie als Patient, wenn es Ihnen richtig schlecht geht?
a Ich versuche es nicht zu zeigen.
b Wehleidig und liebebedürftig.

Was schätzen Ihre Arbeitskollegen mehr an Ihnen?
a Sie schätzen meine Freundlichkeit höher als meine Leistungsfähigkeit.
b Sie schätzen meine Leistungsfähigkeit höher als meine Freundlichkeit.

Wenn Sie mal richtig wütend sind, können Sie dann auch ausfällig werden?
a Das wäre ein Jahrhundert-Ereignis.
b Ja.

Das Lied »Immer nur lächeln, immer vergnügt ... doch wie's dadrinnen aussieht, geht niemand was an« ist für Sie
a eine sehr brauchbare Lebensregel.
b die Aufforderung zur Heuchelei.

EQ-Punkte	
Ihr bisheriger Punktestand	______
Bitte geben Sie sich 50 Punkte, wenn Sie **weder a) noch b) mehr als 10 mal angekreuzt** haben:	______
Neuer Punktestand:	______

Das bedeutet Ihr Ergebnis:

Sie haben mehr als 10 mal a) angekreuzt: Sie werden von vielen Menschen als sympathisch empfunden. Sie sind immer freundlich oder zumindest höflich. Sie haben gutes Benehmen, drängen sich nicht vor und sind nicht unglücklich, wenn Sie nicht im Mittelpunkt stehen. Sie sind ein angenehmer Gast und umsichtiger Gastgeber. Natürlich gibt es auch für Sie Menschen, mit denen Sie nicht zurechtkommen. Dann nutzen Sie Ihre Höflichkeit und Freundlichkeit als Schutz. Beides verhindert, daß es mit diesen Menschen überhaupt Reibereien geben kann.
Sie haben mehr als 10 mal b) angekreuzt: Sie werden von vielen, aber sicher nicht von allen Menschen als sympathisch empfunden – aber das macht nichts, und Ihnen selbst macht das schon gar nichts. Sie gelten als temperamentvoll, als ehrlich, und manche Menschen empfinden Sie als zu laut. Das sind die »Stillen im Lande«, die die anderen immer besonders gut beobachten. Denen sind Sie nicht immer nur sympathisch. Sie halten diese Menschen für falsch, und deshalb sind Sie denen zu offen und zu ehr-

lich. Auf alle anderen Menschen aber können Sie sich sehr gut einstellen, und von denen erhalten Sie viel Sympathie – wenn auch manchmal erst auf den zweiten Blick.

Sie haben sowohl a) als auch b) weniger als 10 mal angekreuzt: Sie gelten den meisten Menschen als sympathisch. Sie haben eine freundliche Ausstrahlung, und – besonders wichtig – Ihre Freundlichkeit ist lebhaft und echt. Sie ist kein Standardgesicht, mit dem Sie aller Welt in gleicher Weise gegenübertreten. Wer von Ihnen angelächelt wird, weiß deshalb immer auch, daß er persönlich gemeint ist. Sie sind höflich, sind ein besonders guter Zuhörer, die Menschen tauen bei Ihnen auf, und sie haben Vertrauen zu Ihnen. Auf der anderen Seite ist bei Ihnen nicht alles immer nur »fein«. Sie können auch richtig deftig sein, herzhaft lachen und sich über die Konvention hinwegsetzen. Das haben Sie anderen Menschen voraus, die entweder in Vornehmheit erstarren oder ungehobelt sind.

Test 46

Sind Sie gesellig?

Ganz ohne andere Menschen kommen wohl nur die Heiligen in der Wüste aus. Gesellschaftsmenschen sind wir also alle. Aber ist es Ihnen eine wirkliche Herzensangelegenheit mit anderen Menschen zusammenzusein? Bitte kreuzen Sie bei jeder Frage »a« oder »b« an.

1. Wie viele Menschen könnten Sie noch um Mitternacht anrufen – ohne daß sie sich gestört fühlen?
a Weniger als fünf.
b Mehr als fünf.

2. Die Menschen, die sich um meine Freundschaft bemühen ...
a ... sind meist die, die mich gar nicht so sehr interessieren.
b ... sind auch genau die, für deren Freundschaft ich mich interessiere.

3. Wenn Sie sich je einen Menschen zum Feind machen würden – wodurch?
a Dadurch, daß ich bei Menschen Erwartungen wecke, die ich dann nicht erfülle.
b Dadurch, daß ich nicht immer fair und gerecht bin.

4. Sind Sie ein interessanter Mensch?
a Nicht interessanter oder langweiliger als die meisten anderen.
b Ich bin interessanter als die meisten anderen.

5. Wären Sie manchmal gerne ein anderer Mensch?
a Ehrlich gesagt: Ja.
b Als Kind hatte ich mal solche Gefühle. Heute aber nicht mehr.

6. Auf welcher Seite des Tisches sitzen Sie in einem Restaurant lieber?
a Dort, wo man die Leute im Lokal beobachten kann.
b Dort, wo man nur den Gesprächspartner am Tisch sieht.

7. Wie halten Sie es mit der Mode?
a Ich versuche mich – nach Geldbeutel – der Mode entsprechend zu kleiden.
b Ich habe meinen eigenen Stil. Ich bin meist der Mode zehn Jahre hinterher oder voraus – je nachdem, wie man das sehen will.

8. Hören Sie einem anderen Menschen immer zu, bis er zu Ende gesprochen hat?
a Ich bemühe mich darum, und meistens gelingt es auch.
b Nur wenn ich in ihn verliebt oder gerade sonstwie von ihm fasziniert bin.

9. Wie schätzen Sie sich selbst ein?
a Ich bin eher zu leise.
b Ich bin eher zu laut.

10. Sie sind zu einem großen Essen eingeladen und sollen drei Stunden mit Ihrem Hausarzt am Tisch sitzen. Wie wäre Ihnen zumute?
a Das wäre mir eher peinlich.
b Ich fände es interessant, diesen Menschen einmal länger als nur immer die viel zu wenigen Minuten in der Sprechstunde zu sehen.

11. Wieder eine große Einladung. Diesmal soll Ihr Tischnachbar ein weltbekannter Nobelpreisträger sein.
a Das wäre für mich ziemlich interessant, weil ich solch einem Menschen gerne zuhören würde.
b Das wäre für mich ziemlich langweilig, weil ich solch einem Menschen ja nicht viel zu erzählen hätte.

12. Wie gut können Sie sich Namen merken?
a Das ist meine schwache Stelle.
b Da bin ich den meisten Menschen überlegen.

13. Sind Sie schon einmal von einem fremden Menschen nackt gesehen worden?
a Nein. Das wäre ein so gut wie ausgeschlossener Zufall.
b Ja. Zumindest könnte es mir passieren.

14. Wenn Leute sich in Ihrer Gegenwart in den Mittelpunkt spielen möchten ...
a ... gehen sie mir etwas auf den Nerv.
b ... haben sie bei mir einen schweren Stand, weil ich da ja schon bin.

15. Sehen andere Menschen Sie als »schwierig« an?
a Eher ja als nein.
b Vielleicht – aber jeder weiß, was er tun muß, um gut mit mir zurechtzukommen.

Bitte geben Sie sich für jedes »b« 1 Punkt.

EQ-Punkte

Ihr bisheriger Punktestand _____

Bitte schreiben Sie sich für jedes b), das Sie angekreuzt haben 5 Punkte gut. _____

Neuer Punktestand: _____

Das bedeutet Ihr Ergebnis:

Mehr als 12 Punkte: Sie sind ein geselliger Typ. Sie fühlen sich unter Menschen total wohl. Das heißt nicht, daß Sie alle Menschen, die Sie kennen, auch mögen oder von allen anderen gemocht werden. Das ist Ihnen auch gar nicht wichtig. Man kann ja auch mit weniger sympathischen Menschen interessante Begegnungen haben. Auf ein interessantes Leben aber kommt es Ihnen an, und das ist für Sie ohne viel Kontakt gar nicht vorstellbar. Sie finden Kontakt auf allen Ebenen. Das reicht vom unverbindlichen »Wie geht's« bis zu ganz tiefen Gesprächen. Und Sie wissen auch, wie man Menschen, die sich wie Kletten an einen hängen, wieder »loswird«. In den Augen mancher Menschen sind Sie vielleicht anmaßend, aufdringlich oder arrogant, aber es gibt eigentlich niemanden, der sich nicht doch irgendwie freut, zu Ihren Bekannten zu gehören.

8 bis 12 Punkte: Sie sind gesellig, aber auf manche Einladungen und manche Begegnungen könnten Sie genauso gut verzichten. Sie sind bei Menschen wählerisch. Wenn jemand ihr Typ ist, geht Ihnen Ihr Herz auf, und Sie reden viel und gerne. Aber wehe, Sie treffen auf »Unsympathen«. Mit denen werden Sie nicht grün – und Sie bemühen sich auch gar nicht darum. Das ist natürlich Ihr gutes Recht. Aber Sie nehmen sich durch diese harte Haltung auch einige Freude. Es kann nämlich einfach entspannend und auch für den bedeutendsten Menschen aufbauend sein, wenn man gemocht wird. Ein bißchen mehr Geselligkeit – und Sie treffen nur noch auf Menschen, die sich richtig freuen, Ihnen zu begegnen, und die dies auch ausstrahlen.

Weniger als 8 Punkte: Sie sind ein kontaktfreudiger, geselliger Mensch – aber für Sie kommen bei weitem nicht alle Kontakte und jede Form von Gesellschaft infrage. Menschenansammlungen sind Ihnen meist nicht angenehm, der viele »Small Talk«, die kleinen nichtssagenden Gespräche – das ist nicht Ihre Welt. Sie suchen interessante, tiefergehende Gespräche. Vielleicht unterschätzen Sie allerdings eins: Menschen, die Witze erzählen, übers Wetter reden oder sonstwie Nichtigkeiten von sich geben, müssen deswegen noch nicht uninteressant sein. Sie spielen nur das Gesellschaftsspiel mit, jedem Menschen ein Wort sagen zu können. Das ist oft platt, ist aber allgemeine Höflichkeit. Und: Es schließt nicht aus, daß man dabei Menschen findet, die spontan auf der gleichen Wellenlänge sind und mit denen man dann doch die interessantesten Gespräche anknüpfen kann.

Test 47

Sind Sie charmant?

Zeigen Sie den Menschen ein freundliches Gesicht? Kommt bei Ihnen auch noch Herz dazu? Bitte kreuzen Sie bei jeder Frage a) oder b) an.

1. Was ist Ihnen in einer Tischrunde wichtiger?
a Daß auch die "Stillen im Lande" kräftig lachen.
b Daß auch die "Stillen im Lande" oft zu Wort kommen.

2. Welches Gesicht sollte man der Welt zeigen?
a Immer ein freundliches.
b Immer ein interessiertes.

3. Gespräche mit Menschen, die deutlich älter sind,
a finde ich meist etwas anstrengend.
b sind für mich meist erholsam wie ein Bad für die Seele.

4. Um Ruhe zu haben, wenn Kinder laut und nervig sind, schickt man sie am besten
a vor den Fernseher.
b raus zum Toben.

5. Wie sind die Jugendlichen heute Erwachsenen gegenüber eingestellt?
a Eher feindlich.
b Eher uninteressiert.

6. Eine Frau lernt eine andere Frau kennen und findet, daß sie gut aussieht. Sollte sie ihr das sagen?
a Nie zu Anfang, vielleicht später einmal.
b Ja. Sofort und spontan.

7. Eine Frau lernt einen Mann kennen und findet, daß er gut aussieht. Sollte sie ihm das sagen?

a Nur wenn sie etwas von ihm will.

b Ja. Auch ohne etwas von ihm zu wollen.

8. Soll man einen Menschen, der mit einem spricht, unentwegt anschauen?

a Ja, weil es höflich ist.

b Nein, weil das so aufdringlich sein kann, wie bei einem Verhör.

9. Ist es klug, anderen seine ehrlichen Gefühle zu zeigen?

a Nein. Man macht sich dadurch nur das Leben schwer.

b Ja, weil man so vor falschen Freunden bewahrt bleibt und richtige Freunde findet.

10. Darf man Briefe mit dem Wort "Ich" anfangen?

a Nein. Das ist unhöflich.

b Ja. (Denn ein Brief wird nicht dadurch höflich, daß man einen Satz so lange verdreht, bis das "Ich" weiter hinten steht.)

11. Ihr Tischnachbar bekleckert sich beim Essen. Alle schauen hin. Was machen Sie?

a Ich helfe diskret und unauffällig.

b Ich mache einen Scherz, um die Situation zu entspannen.

12. Darf eine Frau ein Gespräch mit einem Mann anfangen?

a Eigentlich ist das immer noch etwas unschicklich.

b Ja. Die meisten Männer sind doch sowie mundfaul. Wenn man auf die wartet, kommt oft kein Gespräch zustande.

13. Sind Sie zu einem Kellner so höflich wie zu einem guten Freund?

a Ich bemühe mich darum.

b Ich bin meist noch höflicher. Meine Freunde können nämlich auch meine unhöflichen Seiten gut verkraften.

EQ-Punkte		
Ihr bisheriger Punktestand		_____
Mehr als 10 mal a) angekreuzt bedeutet	50 Punkte.	
Mehr als 10 mal a) angekreuzt bedeutet	75 Punkte.	
Weder a) noch b) mehr als 10 mal angekreuzt bedeutet	30 Punkte.	_____
Neuer Punktestand:		_____

Das bedeutet Ihr Ergebnis:

Sie haben mehr als 10 mal a) angekreuzt: Sie haben Charme, und den setzen Sie sehr gezielt ein. Sie achten sehr darauf, wie Sie auf andere Menschen wirken, und Ihr Charme verhindert, daß Sie mit den Leuten vermeidbare Probleme bekommen. Sie schaffen es sogar, die Menschen auch da noch zu umgarnen und für Ihre Interessen einzusetzen, wo andere Leute Auseinandersetzungen führen oder sogar richtig in Streit geraten. Ihr Charme ist Ihnen also immer auch Mittel zum Zweck. Er hilft Ihnen, Ihr Leben einfacher und erfreulicher zu machen und sich wirkungsvoller durchzusetzen.

Sie haben mehr als 10 mal b) angekreuzt: Sie sind sehr charmant – und vermutlich wissen Sie gar nicht, wie sehr. Sie sind im Umgang mit den Menschen nämlich einfach ungezwungen und natürlich. Sie achten nicht auf die Wirkung Ihrer Worte oder Ihres Verhaltens. Und das müssen Sie auch nicht, denn die Menschen akzeptieren Sie genauso wie Sie sind. Ihr natürlicher Charme öffnet Ihnen die Herzen der Menschen. Denn Ihr Charme kommt von Herzen. Er ist nicht das Ergebnis einer Erziehung zu aufgesetzter Freundlichkeit, sondern Sie haben mehr Herzensbildung als viele Menschen.

Sie haben weder a) noch b) mehr als 10 mal angekreuzt: Sie sind charmant. Sie gehen auf die Menschen ein, sind höflich und freundlich – aber Sie sind damit nicht immer glücklich. Sie spüren nämlich, daß die Menschen Ihre Freundlichkeit und Zuvorkommenheit ausnutzen. Und dann halten Sie es für das beste, daß aller Charme von Ihnen abfällt, weil sich ein gutes Herz in einer kalten Welt schnell eine Grippe holen kann. Aber Sie sollten Ihren Charme nicht aufgeben. Die meisten Menschen reagieren eben doch positiv darauf, wenn man ihnen charmant gegenübertritt.

Test 48

Haben Sie Zivilcourage?

Oft müssen wir im ganz normalen Alltag Mut beweisen. Haben Sie genug Courage? Bitte kreuzen Sie jeweils die Antworten an, die am besten auf Ihr Denken und Fühlen zutreffen.

Wenn ein Erwachsener im Supermarkt an der Ladenkasse einem quengelnden Kind einen Klaps gibt,
- ◊ mische ich mich ein und versuche, das Kind vor dieser Form von Gewalt zu schützen.
- ❍ sage ich mir: Der Erwachsene wird schon wissen, was er macht.
- ❑ sage ich lieber nichts, um den Erwachsenen nicht zusätzlich böse zu machen.

Ein Polizist, der einem Autofahrer für zehn Minuten Parken im Halteverbot ein Strafmandat gibt,
- ❑ zeigt, daß er sich zu wichtig nimmt.
- ❍ ist einfach ein unfreundlicher Mensch.
- ◊ muß so handeln, weil einfach zu viele Autos die Städte verstopfen.

Auf Behörden habe ich meist das Gefühl, die Leute hinter dem Schreibtisch
- ❑ sind irgendwie lustlos bei der Arbeit.
- ❍ wollen mir zeigen, daß sie mehr Macht haben als ich.
- ◊ geben sich im Job genauso viel Mühe wie Leute in der freien Wirtschaft.

Was für ein Gefühl haben Sie, wenn eine Gruppe Skinheads mit Ihnen zusammen auf die Bahn wartet?
- ❍ Ich lasse die Bahn fahren und nehme die nächste.
- ◊ Ich überlege, was ich tun würde, wenn die Gruppe gewalttätig würde.

❑ Ich hoffe, daß niemand in der Bahn sitzt, der die Skinheads provoziert.

Was empfinden Sie für die Leute von der Heilsarmee, die durch Lokale gehen und Geld sammeln?

◊ Respekt, weil diese Menschen Gutes tun, obwohl sie dafür machmal verspottet werden.
❑ Verwunderung dafür, daß diese Menschen ihren Zielen so viel Zeit opfern.
❍ Ich habe ein ungutes Gefühl, weil sie mich daran erinnern, daß auch ich öfter Gutes tun sollte.

Fünf Erwachsene und fünf Kinder sitzen zusammen und planen ein Familienfest. Ist es sinnvoll, wenn die Kinder (Alter um 10 Jahre herum) mitreden?

◊ Ja, denn es soll ja auch für die Kinder ein Fest werden.
❍ Kinder sollten bei solchen Dingen nicht mitreden, das stört doch nur den Gedankenfluß der Erwachsenen.
❑ Mitreden dürfen die Kinder zwar, aber sie werden wenig Sinnvolles beitragen.

Zwei Schüler haben an die Mauer ihrer Schule ein obszönes Wort gesprayt. Sie werden erwischt. Was soll die Schule jetzt tun?

❍ Die beiden von der Schule verweisen und bei der Polizei anzeigen.
❑ Die beiden sollen den Schaden beheben, und dann ist die Sache wieder in Ordnung.
◊ Sie sollen den Schaden beheben und zusätzlich zu gemeinschaftsfördernden Aufgaben herangezogen werden.

Baustelle an der Autobahn: Die Autos ordnen sich einspurig ein. Was halten Sie von Menschen, die jetzt noch an der Schlange vorbei ganz nach vorne durchfahren?

◊ Ich ärgere mich über ihr unfaires Verhalten.

❑ Sie tun mir leid, weil sie unter dem Stress stehen, ständig der erste sein zu müssen.
❍ Sie passen in eine Welt, die vom Konkurrenzkampf lebt.

Dieselbe Situation vor der Autobahnbaustelle. Diesmal aber fahren zwei LKW nebeneinander her und blockieren so die Überholspur.
❍ Das halte ich für Nötigung.
❑ Das ist nicht in Ordnung, aber ich sehe ein, daß wohl nur so den Dränglern und Rasern das Handwerk gelegt wird.
◊ Die LKW-Fahrer haben meine Sympathie.

Sie erzählen einem Menschen ein Erlebnis und werden unterbrochen. Was ist Ihre typische Reaktion:
◊ Ich höre genau zu. Vielleicht kann ich die Bemerkung meines Gegenüber in meine Geschichte einbauen und die Unterhaltung wird noch netter.
❑ Ich versuche, mich durch die Unterbrechung nicht aus dem Konzept bringen zu lassen.
❍ Ich sage: »Laß mich ausreden.«

EQ-Punkte

Ihr bisheriger Punktestand		_____
Bitte geben Sie sich – wenn Sie		
überwiegend ◊ angekreuzt haben	100 Punkte	
überwiegend ❍ angekreuzt haben	50 Punkte	
überwiegend ❑ angekreuzt haben	20 Punkte	_____
Neuer Punktestand:		_____

Das bedeutet Ihr Ergebnis:

Überwiegend ◊: Sie haben Zivilcourage. Das zeigt sich in kleinen Situationen des Alltags. Sie lassen sich nicht provozieren. Sie versuchen erst einmal, das Gute im anderen Menschen zu sehen und zu verstehen, welche Gründe der andere für sein Handeln hat. Dazu gehört eine unabhängige Meinung – und die zu haben, erfordert Mut. Mut zeigen und zeigten in unserem Jahrhundert Menschen wie Mutter Teresa, Gandhi oder Martin Luther King. Sie haben nicht darauf geachtet, ob ihr Leben für sie günstig, einfach und bequem ist oder Beifall oder gar Profit bringt. Und in Ihnen steckt etwas von diesem Geist. Für manche Menschen sind Sie vielleicht etwas unbequem, weil Sie sich nicht immer anpassen. Für die meisten aber sind Sie ein Vorbild.

Überwiegend ❍ : Sie sind ein mutiger Mensch. Wenn Sie etwas für richtig erkannt haben, treten Sie dafür auch ein. Nach Möglichkeit aber versuchen Sie, eine Sache niemals allein zu vertreten. Sie suchen Gemeinschaft und wünschen sich Mehrheiten für Ihre Anliegen. Das aber ist noch keine Zivilcourage. Diese wichtige Haltung zeigt sich erst, wenn ein Mensch auch gegen den Strom schwimmt und nicht nur die Mehrheitsmeinung vertritt. Ein solcher Einzelkämpfer sind Sie nicht – aber wenn jemand Sie braucht, dann kann er auf Sie zählen.

Überwiegend ❑: Ein Held zu sein, das darf man sagen, ist nicht Ihr größter Wunsch. Sie leben mehr nach der Erkenntnis, daß man Konflikten durch Klugheit aus dem Weg gehen kann – so wie Tina Turner gesungen hat »We don't need another hero« (»Wir brauchen keinen neuen Helden«). Zeiten, in denen man Helden braucht, halten Sie nicht für gute Zeiten. Mut aber braucht man zu allen Zeiten – gerade auch im Alltag. Nicht immer kann man sich seine Lebensumstände aussuchen. Und jeder Bürger sollte bereit sein, gegen Unrecht einzutreten, damit größeres Unrecht vermieden wird. Auch darin kann sich Zivilcourage zeigen.

Test 49

Haben die Menschen genug Respekt vor Ihnen?

Passiert es Ihnen öfter, daß Sie jemandem den kleinen Finger geben und er nimmt die ganze Hand? Woran liegt das? Sind die anderen unhöflich oder unverschämt? Oder machen Sie selbst etwas falsch? Unser Test sagt es Ihnen. Bitte kreuzen Sie an, wie Sie sich typischerweise verhalten würden.

Sie haben einem Verwandten ausnahmsweise nur ein kleines Geburtstagsgeschenk gemacht. Ihr Verwandter bedankt sich zwei Wochen lang nicht. Wie ist Ihre Reaktion?

❍ Ich bin wütend.
❑ Ich bin enttäuscht.
◊ Ich rufe an und frage, ob mein Geschenk nicht »angekommen« ist.

Auf einer Hochzeit wird Ihr Platz am Tisch des Brautpaares dem neun Jahre alten Patenkind der Braut gegeben, das nicht am Kindertisch sitzen will.

❍ Ich verlasse die Feier.
❑ Ich verlange, daß die alte Tischordnung wieder hergestellt wird.
◊ Ich ziehe mich um des lieben Friedens willen mit Humor an den »Katzentisch« zurück.

Sie tragen ein Kleidungsstück, das überhaupt nicht zu Ihrem üblichen Stil paßt. Welche Reaktion erwarten Sie von Ihrem Partner?

❍ Überhaupt keine.
❑ Einen Kommentar mit Humor auf Ihre Kosten.
◊ Ein Kompliment.

Sie überraschen einen Besucher, der heimlich Ihre Post liest. Was tun Sie?

❍ Ihn so deutlich zurechtweisen, daß er so etwas nie wieder tun wird.
❑ Gar nichts, Sie übersehen die Sache.
◊ Sie machen einen Kommentar in dem Stil: »Na, ist da etwas Interessantes?«

Eine Nachbarin spannt Sie ständig – für Stunden oder übers Wochenende – als Hunde-Sitter ein. Wie wehren Sie sich?

❍ Mit empörter Ablehnung für diese ständige Zumutung.
❑ Mit Ausreden und Notlügen.
◊ Mit einem Vorschlag, nur dann auf den Hund aufzupassen, wenn es lange geplant ist und in Ihr Programm paßt.

In Ihrem Bekanntenkreis macht ein Mann, Typ Alleinunterhalter, ständig Späße auf Ihre Kosten. Wie unterbinden Sie das?

❍ Durch Verlassen der Runde.
❑ Durch eisiges Schweigen, wenn alle lachen.
◊ Durch ein Gespräch unter vier Augen mit ihm.

Ihr Partner ist meist unpünktlich. Er läßt Sie eigentlich bei jeder Verabredung die berühmten fünf Minuten warten. Ihre Reaktion?

❍ Säuernis für den Rest des Tages.
❑ Ihn bitten, doch pünktlich zu sein.
◊ Ihn ein paar Male richtig versetzen.

Eine Bekannte benutzt Sie dreimal die Woche als »Seelen-Mülleimer«, nimmt aber nie Rat von Ihnen an. Was machen Sie mit ihr?

❍ Den Kontakt aufgeben.
❑ Den Kontakt auf das Mindestmaß reduzieren.
◊ Ihr sagen, daß Sie diese Gespräche nicht mehr haben wollen, weil sie ja kein Ergebnis zeigen.

Ein Gast hat aus Ihrer Wohnung einen silbernen Aschenbecher »mitgehen« lassen. Wie bekommen Sie ihn zurück?

❍ Per Rechtsanwalt.
❑ Einen Bekannten bitten, die Sache zu klären.
◊ In seine Wohnung gehen und dort vor seinen Augen etwas einstecken.

Sie helfen einem Verwandten mit 10 Mark aus. Das Geld bekommen Sie nicht zurück. Fordern Sie es zurück?

❍ In jedem Fall.
❑ Nur, wenn der Verwandte es zurückzahlen kann.
◊ Nein, ich schenke es ihm und sage ihm, ich würde ihm nie wieder etwas leihen.

Vor ihrer Haustür spielen jeden Tag 20 Kinder. Wie kommen Sie dennoch zu Ihrer Mittagsruhe?

❍ Ich schnappe mir die beiden lautesten Kinder und drohe ihnen Prügel an.
❑ Ich bitte die Eltern der Kinder, für meine Mittagsruhe zu sorgen.
◊ Ich rede mit den Kindern, ob sie mir jeden Mittag eine Stunde mit weniger Lärm schenken.

Ein Mensch, den Sie nicht leiden mögen, hat beim Kartenspiel von Ihnen viel Geld gewonnen. Bekommt er es von Ihnen?

❍ Ja, aber erst mit einigen Tagen Verspätung.
❑ Sofort, weil Spielschulden Ehrenschulden sind.
◊ Um ihn etwas zu ärgern, gebe ich ihm einen Scheck.

Wer hat Ihrer Meinung nach im Leben den größten Erfolg?

❍ Wer sich am rücksichtslosesten durchsetzt.
❑ Wer das meiste »Vitamin B« hat.
◊ Wer am besten mit anderen Menschen umgeht.

Wann darf ein Mensch gegen einen anderen körperliche Gewalt anwenden?
❍ Wenn der andere ihn provoziert.
❑ Wenn man sich auf andere Weise nicht wehren kann.
◊ Nur in Notwehr.

Was bedeutet Freundschaft für Sie?
❍ Eine Art Rückversicherung für Notfälle.
❑ Ein »Netz«, in das man sich hineinfallen lassen kann.
◊ Die Chance, die kleinen Freuden und Leiden des Lebens zu teilen.

EQ-Punkte

Ihr bisheriger Punktestand		______
Bitte geben Sie sich – wenn Sie		
überwiegend ◊ angekreuzt haben	100 Punkte	
überwiegend ❍ angekreuzt haben	50 Punkte	
überwiegend ❑ angekreuzt haben	20 Punkte	______
Neuer Punktestand:		______

Das bedeutet Ihr Ergebnis:

Sie haben überwiegend ◊ angekreuzt: Vor Ihnen haben die Menschen Respekt. Zwar passiert es immer wieder, daß sich andere Menschen auch Ihnen gegenüber zu viel herausnehmen. Aber das passiert in aller Regel nur ein einziges Mal. Denn Sie stellen dann sofort sicher, daß die Situation geklärt wird. Wie ein Schiedsrichter beim Fußball zeigen Sie die Gelbe Karte, und der andere Mensch weiß, daß als nächstes die Rote Karte kommt. Aus Ihrer klaren, aber nie aggressiven Haltung den anderen Menschen gegenüber, erwächst deren Respekt. Und zusätzlich erhalten Sie auch viel Sympathie, weil Sie zu den Schwachen oder Ungeschickten tolerant sind. Da übersehen Sie manches, was andere nicht durchgehen lassen würden. Und das wird Ihnen gedankt.

Sie haben überwiegend ❍ angekreuzt: Die Menschen haben so viel Respekt vor Ihnen, daß man schon beinahe von Ehrfurcht sprechen könnte – wenn nicht sogar von Furcht. Sie haben den Ruf, daß man Ihnen wirklich nie zu nahe treten darf. Sie lassen sich von niemandem auf der Nase herumtanzen. Dadurch haben Sie es in mancher Beziehung leichter als andere Menschen, weil Sie zwar manchmal einen richtigen Krach mit Leuten haben, bei dem die Funken fliegen. Aber Sie haben nie Dauerkonflikte mit anderen Menschen – und die kosten ja wirklich viel Kraft. Dennoch könnten Sie es noch einfacher haben. Wirklicher Respekt zeigt sich nämlich eigentlich dann erst, wenn Menschen alle Scheu ablegen und aus Freude und Vergnügen den Umgang mit Ihnen suchen. Davor scheuen vielleicht manche Menschen zurück: und das sind nicht immer die schlechtesten.

Sie haben überwiegend ❑ angekreuzt: Ihren Bekannten fehlt es manchmal an Respekt vor Ihnen. Der Grund: Sie sind zu zurückhaltend, wenn es darum geht, für Ihre Rechte einzutreten. Fehler suchen Sie immer zuerst bei sich und nie bei den anderen. Und gutes Benehmen heißt für Sie vor allem: Streit vermeiden und Konflikten aus dem Wege gehen. Leider können viele Menschen mit solch einer Haltung nichts anderes anfangen, als sie auszunutzen. Deshalb müssen Sie stärker für Ihre Rechte eintreten. Sonst geht es Ihnen wie in dem Sprichwort: »Wer sich selbst zum Teppich macht, darf sich nicht wundern, wenn auf ihm herumgetrampelt wird.« Vielleicht haben Sie selbst zu viel Respekt vor manchen Menschen. Wenn Sie mit ihnen ansonsten leben können, ist das okay. Wenn Sie sich aber heimlich doch ärgern, sollten Sie den Leuten auf nette Art zeigen, wo die Grenzen sind.

Test 50

Gehen Sie den anderen Menschen auf die Nerven?

Manchmal findet man sich selbst unwiderstehlich, aber die anderen finden einen eher unausstehlich. Könnte Ihnen das auch passieren? Kennen Sie die Zeichen dafür, wann ein Mensch den anderen auf die Nerven geht? Bitte kreuzen sie alle Aussagen an, die auf Sie zutreffen.

❑ Wenn jemand von einer Reise erzählt, weiß ich meist so viel über den Zielort, daß ich seinen Bericht mit Tatsachen über Land und Leute und eigenen Erlebnissen anreichern kann.

❑ Ich erzähle öfter davon, welche bekannten und berühmten Menschen ich kenne.

❑ Bevor ich jemanden meiner Familie vorstelle, zeige ich erst einmal Fotos, Filme oder Videos von den Menschen, um die es geht.

❑ Ich bin so religiös, daß ich Menschen mit einem geringeren oder anderen Glauben immer wieder die Wahrheit über Religion mitteile.

❑ Wenn ich Menschen helfe oder ihnen einen Rat gebe, läuft es meist darauf hinaus, daß ich mich als Vorbild anbieten kann, ja muß.

❑ Ich spreche besonders häufig über Themen, zu denen ich mehr weiß als meine Gesprächspartner. Ich neige dazu, Menschen zu belehren.

❑ Sich falsch benehmen, ist besonders peinlich. Deshalb achte ich instinktiv darauf, wann ich das Benehmen eines anderen korrigieren kann.

❑ Ich kaufe nur Anziehsachen, die mir wirklich stehen. Lieber verbringe ich Stunden in Läden, als daß ich mich beim Einkauf hetzen lasse.

- ❑ Meinen guten Stil in Sachen Mode verberge ich vor niemandem.
- ❑ Wenn jemand etwas aus dem Ausverkauf trägt, mache ich ein Kompliment für den günstigen Einkauf.
- ❑ Bei einem Besuch in fremden Wohnungen fallen mir meist gute Einrichtungstips für die Gastgeber ein. Die teile ich dann auch mit, weil man sich ja gegenseitig unterstützen soll.
- ❑ Bei Essenseinladungen frage ich immer nach dem Rezept. Meist kann ich dann zusätzlich noch mit eigenen Kochtips aushelfen.
- ❑ Meist weiß ich beim Kochen die elegantere Art, ein Gericht zu würzen.
- ❑ Wenn ich abends nach 20 Uhr angerufen werde, reagiere ich ärgerlich, auch wenn ich es gar nicht bin. Aber die Menschen müssen doch lernen, daß es auch ein Privatleben gibt.
- ❑ Bei Gesprächen über Politik oder Geschichte kann ich meist die wirklich wichtigen Hintergrund-Informationen, von denen die anderen Menschen keine Ahnung haben, einbringen.
- ❑ Wenn eine Bekannte oder ein Bekannter etwas erzählt, was wir beide erlebt haben, korrigiere ich jedes Detail, das nicht zutrifft.
- ❑ Ich warte nicht gerne in Schlangen (an Schaltern, an der Ampel, im Verkehrsstau).
- ❑ So ziemlich das schlimmste für mich ist, wenn andere Menschen mir die Zeit stehlen.
- ❑ Ich bin meist so beschäftigt und habe oft so viel Wichtiges zu tun, daß ich andere schon mal auf mich warten lassen muß.
- ❑ Manche Einladungen muß ich leider in letzter Minute absagen.
- ❑ Ich kann geradezu nervös werden, wenn andere Menschen langweilig reden und sich umständlich ausdrücken.
- ❑ Wenn mir auffällt, daß eine Bekannte oder ein Bekannter schlecht aussehen, sage ich das sofort ...
- ❑ ... und wenn sie es mir nicht glauben, schicke ich sie zum Arzt.
- ❑ Ich spreche über Krankheiten immer völlig offen.

- [ ] Ich geniere mich auch nicht, ausführlich über meine eigenen Krankheiten zu berichten.

EQ-Punkte

Ihr bisheriger Punktestand	______
Bitte ziehen Sie sich für jedes Kreuz, das Sie haben, 5 Punkte ab.	______
Neuer Punktestand:	______

Das bedeutet Ihr Ergebnis:

Mehr als 20 Kreuze: Sie sind für Ihre Mitmenschen manchmal eine richtige Last. Sie belehren die Menschen regelrecht. Vielleicht sind Sie wirklich klüger als die anderen – aber Sympathien bringt Ihnen das nicht ein. Schlimmer noch: Sie nerven nicht nur die anderen, sondern tun sich selbst auch keinen Gefallen. Von den anderen bekommen Sie für Ihre Art nämlich viel weniger Freundlichkeit zurück als Sie verdient hätten. Deshalb ist Ihr Leben gestreßter als es sein müßte, weil Sie eigentlich immer ein gespanntes Verhältnis zu den Menschen haben, mit denen Sie tagtäglich umgehen.

15 bis 20 Kreuze: Sie bemühen sich um die Durchsetzung Ihrer persönlichen Interessen – aber manchmal so intensiv, daß Sie den Menschen dabei regelrecht auf die Nerven gehen können. Das geschieht immer dann, wenn Sie andere kritisieren und korrigieren. Kein Mensch mag gerne bevormundet werden – und eigenartigerweise natürlich besonders dann nicht, wenn er im Unrecht ist. Dann kommt zur Kritik, die man einstecken muß, nämlich auch noch das Eingeständnis hinzu, daß diese Kritik berechtigt war. Sie hätten es leichter, wenn Sie Fehler anderer öfter einfach übersehen, weil die anderen dann auch Ihnen gegenüber weniger kritisch sind.

10 bis 14 Kreuze: Sie haben einen guten Ausgleich gefunden zwischen Freundlichkeit und nervig zu sein. Sie wissen, daß man die Menschen nicht nur mit Glacéhandschuhen anfassen darf.

Manchmal muß man richtig aufdringlich sein, sonst wird man übersehen und überhört. Im großen und ganzen aber ist Freundlichkeit die bessere Art des Umgangs mit Menschen, und Sie beherrschen beides: Sie können höflich und fordernd sein. So kommt man gut mit den Menschen aus.

Weniger als 10 Kreuze: Vielleicht haben Sie Angst, daß Sie anderen Menschen auf die Nerven gehen könnten – aber diese Angst ist unberechtigt. Im Gegenteil: Sie sind viel zu gefällig, viel zu zuvorkommend. Sie versuchen sich danach zu richten, was den anderen gefällt, damit Sie nur keinen Anstoß erregen – ja nicht einmal Aufmerksamkeit auf sich lenken. Sie überlassen also das Feld den Menschen, die sich mit mehr Dreistigkeit in den Vordergrund drängen. Dazu aber gibt es keinen Grund – eben weil Sie ein so einfühlsamer und rücksichtsvoller Mensch sind.

Test 51

Werden Sie in der Partnerschaft unterdrückt?

In jeder Partnerschaft zwischen Menschen gibt es Verhaltensweisen und Einstellungen, die Vertrauen aufbauen oder Vertrauen zerstören. Unser Test zeigt, wo die Vertrauensbasis zwischen zwei Menschen vielleicht Risse bekommen haben könnte. Denken Sie an einen konkreten anderen Menschen (Ehepartner oder Berufskollege, Freund oder Vorgesetzter) und kreuzen Sie alle Aussagen an, die Ihr Gefühl zu diesem Menschen widergeben:

Der Mensch, an den ich jetzt denke

❑ nimmt meine Gefühle oft nicht ernst.
❑ wertet meine Meinungen oft ab.
❑ hört mir zu selten zu.
❑ kontrolliert, wie ich mich verhalte.
❑ kritisiert mein Benehmen.
❑ teilt meine Freude über meine Leistungen zu selten.
❑ brüllt mich manchmal an.
❑ spricht mir gegenüber Drohungen aus.
❑ zieht sich in ärgerliches Schweigen zurück, wenn ich seiner Meinung nach einmal etwas falsch gemacht habe.
❑ Brüllen, Drohungen oder sein aggressives Schweigen kommen dabei oft ohne Vorwarnung wie der sprichwörtliche Blitz aus heiterem Himmel.

Ich selbst

❑ überlege mir oft vorher, was ich in Gegenwart dieses Menschen sage.
❑ Manchmal probe ich vorher im stillen sogar meine Worte ihm gegenüber – fast so, als ob ich eine Rolle in einer Theateraufführung hätte.

- ❑ Ich habe Menschen, die mir wichtig waren, aufgegeben, um mit diesem Menschen besser auszukommen.
- ❑ Ebenso habe ich eigene Hobbys und Interessen aufgegeben, um so das Zusammenleben mit ihm unkomplizierter zu machen.

Im Gegenwart dieses Menschen fühle ich mich manchmal

- ❑ verwirrt.
- ❑ weniger wert.
- ❑ unausgeglichen.
- ❑ schuldig an allem, was in der Beziehung schiefgeht.

Bitte geben Sie sich für jedes Kreuz 1 Punkt

EQ-Punkte

Ihr bisheriger Punktestand	_____
Nehmen Sie bitte die Punkte, die Sie erreicht haben, mit 10 mal und ziehen Sie sie von Ihrem „Konto" ab	_____
Neuer Punktestand:	_____

Und das bedeutet Ihr Ergebnis:

Weniger als 5 Punkte: Ihre Beziehung zu dem Menschen, an den Sie gedacht haben, hat eine gute Basis. Manchmal gibt es Probleme, aber weit weniger als in vielen anderen Beziehungen.

5 bis 9 Punkte: Der Mensch, an den Sie gedacht haben, versucht, Sie zu kontrollieren. Immer wieder müssen Sie sich davor schützen, in Ihren Möglichkeiten nicht zu sehr eingeschränkt zu werden.

10 bis 14 Punkte: Ihre Beziehung zu dem Menschen, an den Sie gedacht haben, ist durch zu viel Kontrolle und zu wenig Vertrauen geprägt. Vermutlich hat jener Mensch ein Idealbild von Ihnen im Kopf, dem Sie nicht entsprechen – und das er »mit Macht« einfordert.

Mehr als 14 Punkte: Ihr Partner hält so stark an Ihnen fest, daß es Ihnen oft weh tut. Zeigen Sie ihm deutlich Ihre Grenzen auf – sonst könnte es Ihnen in der Beziehung einmal zu eng werden.

Test 52

Zeigen Sie Charakter?

Was ist für das gute Zusammenleben wichtiger: Ehrlichkeit oder Höflichkeit? Sind Sie sich sicher, ob Sie überwiegend Charakter zeigen oder ob Sie nicht doch den – oft bequemeren – der Weg der guten Manieren vorziehen?

1 Wenn Menschen langweilige Dinge reden – zeigen Sie dennoch Interesse? Ja ❑ Nein ❑

2 Schmeichelt es Ihnen, wenn andere Menschen gebannt an Ihren Lippen hängen? Ja ❑ Nein ❑

3 Gestehen Sie immer ein, wenn Sie im Unrecht sind? Ja ❑ Nein ❑

4 Reden Sie selbst fast immer sachlich und vermeiden Sie gefühlsbetonte Bemerkungen? Ja ❑ Nein ❑

5 Haben Sie Ihre Lautstärke fast immer unter Kontrolle? Ja ❑ Nein ❑

6 Gebrauchen Sie manchmal Kraftausdrücke? Ja ❑ Nein ❑

7 Wollen Sie bei Diskussionen immer nur mit Sachargumenten überzeugen? Ja ❑ Nein ❑

8 Setzen Sie bei Diskussionen gerne Ihren Charme ein? Ja ❑ Nein ❑

9 Reagieren Sie auf unsachliche Argumente meist auch unsachlich? Ja ❑ Nein ❑

10 Wenn Sie einen Menschen nicht verstehen, fragen Sie immer sofort nach? Ja ❑ Nein ❑

11 Wenn Sie selbst etwas erzählen sorgen Sie immer dafür, daß sogar der Ungebildetste Ihnen folgen kann? Ja ❑ Nein ❑

12 Merkt man es Ihnen in aller Regel an, wenn Sie innerlich erregt sind? Ja ❑ Nein ❑

13 Gibt es meist etwas zu lachen, wenn Sie mit anderen Menschen diskutieren? Ja ❑ Nein ❑

14 Korrigieren Sie Ihre Gesprächspartner, wenn sie etwas falsch darstellen? Ja ❑ Nein ❑

15 Sind Sie den meisten Menschen rhetorisch überlegen? Ja ❑ Nein ❑

16 Haben viele Menschen Angst, mit Ihnen zu diskutieren, weil Sie auch mal richtig drastisch werden können? Ja ❑ Nein ❑

Bitte geben Sie sich 1 Punkt für "Ja" bei den Fragen 1, 4, 5, 7, 10, 11, 14, 15 und geben Sie sich 1 Punkt für "Nein" bei den Fragen 2, 3, 6, 8, 9, 12, 13 und 16.

EQ-Punkte

Ihr bisheriger Punktestand ______

Nehmen Sie bitte die Punkte, die Sie erreicht haben, mit 10 mal und schreiben Sie sie Ihrem Konto gut. ______

Neuer Punktestand: ______

Das bedeutet Ihr Ergebnis:

Weniger als 6 Punkte: In Gespräch und Umgang mit anderen Menschen sind Ihnen Charakter und Ehrlichkeit besonders wichtig. Sie gehören aber auch zum "Verein für deutliche Aussprache". Sie scheuen kräftige Worte und harte Argumente nicht. Ihr Ziel bei Gesprächen und im Umgang mit anderen Menschen ist: klare Verhältnisse zu schaffen. Deshalb lassen Sie es oft an Diplomatie mangeln. Und jemandem nach dem Munde zu reden, halten Sie für charakterlos – selbst wenn dadurch Wogen geglättet und Auseinandersetzungen vermieden werden können. Sie selbst nehmen sich das Recht heraus, auch einmal ein falsches Wort zu sagen oder sich im Ton vergreifen. Dies Recht billigen Sie anderen aber genauso zu.

6 bis 11 Punkte: Sie versuchen im Gespräch mit anderen Menschen – und auch allgemein im Verhältnis zu ihnen – den Mittelweg zwischen Ehrlichkeit und guten Manieren zu gehen. Sie haben Charakter und Überzeugungen, aber Sie glauben nicht daran, andere Menschen mit Macht zu Ihrer Meinung bekehren zu müssen. Deshalb lassen Sie auch Ansichten gelten, denen Sie selbst nicht zustimmen. Wenn Sie einen Menschen überzeugen wollen, hören Sie zuallererst einmal höflich und gründlich hin, was dieser Mensch zu sagen hat. Denn Sie wissen: Nur ein Mensch, der sich verstanden fühlt, ist bereit, sich zu ändern.
Mehr als 11 Punkte: Ihr Verhältnis zu anderen Menschen – und besonders die Gespräche – sind geprägt von Höflichkeit, Rücksichtnahme, Vernunft und Sachlichkeit. Sie halten nicht viel von großen Worten und noch weniger von emotionalen Worten. Sie lieben »die leisen Töne«, was aber nicht heißt, daß Sie sich nicht durchsetzen können. Im Gegenteil: Sie überzeugen mit diplomatischem Geschick, Sie sind immer höflich, nie würden Sie einen Gesprächspartner provozieren oder gar beleidigen. Die anderen Menschen achten Sie – und deshalb achten die Menschen auch auf Ihre Worte und Argumente.

Test-Tabelle

Diese Tabelle zeigt Ihnen auf einen Blick, wo Sie etwas für ihre *Emotionale Intelligenz* tun können.
In der folgenden Tabelle der 52 Tests können Sie Ihre Ergebnisse festhalten. Wichtig ist dabei nicht so sehr die Größenordnung, sondern die »Richtung« des Ergebnisses, ob Sie also

⇖ EQ-Punkte hinzugewonnen haben

⇦ den Stand der EQ-Punkte gehalten haben oder

⇙ EQ-Punkte verloren haben.

Zur Aussagekraft der Ergebnisse gleich etwas, erst einmal die Tabelle der Tests:

EQ-Test für ein besseres Selbstbewußtsein Seite 35

Test 1	Können Sie von 1 bis 10 zählen?	⇗	⇨	⇘
Test 2	Stehen Sie sich selbst im Weg?	⇗	⇨	⇘
Test 3	Wissen Sie, was Sie tun?	⇗	⇨	⇘
Test 4	Sind Sie ein so friedlicher Mensch wie Sie selbst von sich glauben?	⇗	⇨	⇘
Test 5	Haben Menschen Angst vor Ihnen?	⇗	⇨	⇘
Test 6	Nutzen Sie Ihre Zeit intelligent?	⇗	⇨	⇘
Test 7	Könnten Sie allein leben?	⇗	⇨	⇘
Test 8	Kämpfen oder kneifen?	⇗	⇨	⇘
Test 9	Sind Sie ein Gewohnheitstier?	⇗	⇨	⇘
Test 10	Zeigen Sie Gefühle offen?	⇗	⇨	⇘

EQ-Test für ein besseres Selbst-Management Seite 67

Test 11	Können Sie Ihre Gedanken kontrollieren?	⇗	⇨	⇘
Test 12	Wird Ihnen der Stress zuviel?	⇗	⇨	⇘
Test 13	Fühlen Sie sich geistig-seelisch unter Druck?	⇗	⇨	⇘
Test 14	Trauen Sie sich zu vertrauen?	⇗	⇨	⇘
Test 15	Wie gut werden Sie mit Schicksalsschlägen fertig?	⇗	⇨	⇘

Test 40	Wie gut ist Ihre Menschenkenntnis?	⇗	⇨	⇘

EQ-Test	**für besseres Engagement mit anderen Menschen**	**Seite 161**		
Test 41	Möchten Sie vertrauen?	⇗	⇨	⇘
Test 42	Möchten Sie sich behaupten?	⇗	⇨	⇘
Test 43	Können sie sich vorstellen, dieser Tag ist Ihr letzter?	⇗	⇨	⇘
Test 44	Können Sie vergeben?	⇗	⇨	⇘
Test 45	Sind Sie sympathisch?	⇗	⇨	⇘
Test 46	Sind Sie gesellig?	⇗	⇨	⇘
Test 47	Sind Sie charmant?	⇗	⇨	⇘
Test 48	Haben Sie Zivilcourage?	⇗	⇨	⇘
Test 49	Haben die Menschen genug Respekt vor Ihnen?	⇗	⇨	⇘
Test 50	Gehen Sie anderen Menschen auf die Nerven?	⇗	⇨	⇘
Test 51	Werden Sie in der Partnerschaft unterdrückt?	⇗	⇨	⇘
Test 52	Zeigen Sie Charakter?	⇗	⇨	⇘

Wann immer bei Ihnen ein Ergebnis-Pfeil nach unten zeigt, sollten Sie sich sagen:
Hier ist eine Fähigkeit, die ich lange habe brachliegen lassen. Sie kann gedüngt, kultiviert, gepflegt werden: zu meinem eigenen Vorteil und zum Vorteil der Menschen, die mit mir zusammenleben.

• Worauf Sie Ihre Aufmerksamkeit lenken können – dazu finden Sie jeweils einige Anregungen in den Auswertungen zu jedem Test unter der Zeile »Das bedeutet Ihr Ergebnis«. Es sind Anregungen und keine Programme.

• Die beste Anregung ist: Machen Sie die Tests nicht allein für sich. Machen Sie sie mit anderen Menschen zusammen. Lassen Sie die Tests von einem anderen so ausfüllen, wie dieser Mensch denkt, daß Sie ihn ausfüllen würden. Füllen Sie die Tests in entsprechender Weise für einen anderen Menschen aus. Vergleichen

und diskutieren Sie. *Emotionale Intelligenz* hat etwas mit Spaß und Freude zu tun, nicht mit Zwang, nicht mit Rechthaben und Alles-richtig-machen.
Das emotional intelligenteste Verhalten ist: in guter Stimmung zu sein, denn
• Gefühle können das Denken behindern oder fördern,
und
• gute Stimmung fördert die Kreativität.
Das haben Wissenschaftler am Forschungsbereich Psychologie der Kasseler Universität herausgefunden. In einer Serie von Experimeten, die seit 1990 durchgeführt werden, ist unter anderem festgestellt worden:
• Wenn die Stimmung bei Schülern schlecht ist, dürfen Lehrer keine Höchstleistungen erwarten. Nur die Lösung von Routineaufgaben ist dann möglich.
• Positiv gestimmte Menschen denken zwar kreativ, denken allerdings auch oberflächlich und ungenau.
• In schlechter Stimmung neigen wir zu systematischem und präzisem, aber nicht zu kreativem Denken.
• Gute Stimmung steigert unsere Verführbarkeit durch schlechte Argumente und mindert unsere Motivation, Information zu überprüfen (ein Effekt, der in der Werbung vielfach ausgenutzt wird).
• Wer schöpferische Denkleistungen erbringen will, darf sich dazu nicht zwingen, sondern sollte warten, bis sich der richtige – heitere – Moment einstellt.

Logisches Denken, Kreativität und *Emotionale Intelligenz* gehören eben sehr eng zusammen. Darauf hat Daniel Goleman (er war lange Jahre Redakteur der wissenschaftlichen US-Zeitschrift ›Psychology today‹ und ist seit zehn Jahren der Experte der ›New York Times‹ für Themen aus der Psychologie und den Neuro-Wissenschaften) jetzt unseren Blick gelenkt.
Wunder alllerdings sind von der *Emotionalen Intelligenz* nicht zu erwarten. Wer an Wunder glaubt, wird im Leben rasch sein blaues Wunder erleben.

Nachwort

Erfolg braucht *Emotionale Intelligenz* – die Wirtschaft braucht *Emotionale Intelligenz*

Um den Herausforderungen der Zukunft gerecht zu werden, müssen wir keine IQ-Genies und keine Helden sein. Was Wirtschaft und Gesellschaft brauchen, sind Menschen, die miteinander klarkommen. Das ist die wichtigste Fähigkeit, dazu verhilft: *Emotionale Intelligenz.*

Unsere Intelligenz ist zu wertvoll, um mit ihr Computer zu ersetzen

Kein Mensch kann so viel wissen wie eine Datenbank. »Wissen«, hat man früher gesagt, »ist Macht.« In Zukunft bedeutet Wissen – jedenfalls reines Faktenwissen: wissen, welchen Knopf man drücken muß oder wen man nach dem richtigen Knopf fragen muß.

Lesen Sie einfach einmal die folgenden Punkte aus einer Studie der World Future Society über die Entwicklung des Lernens in den kommenden Jahren. (Die World Future Society ist ein Zusammenschluß von vielen tausend Wissenschaftlern, die sich Gedanken darüber machen, welche Auswirkungen das hat, was heute unser Leben prägt – es sind also keine »Trend-Fuzzies« oder »Zeitgeist-Surfer«. Die Schule wird dabei genauso hinfällig wie jene IQ-Intelligenz, die (siehe Kapitel 2 und 3) so nahe am Schulstoff angelagert ist:

- Das Internet – die weltweite Verbindung von Computern, die größte Maschine, die je gebaut worden ist – wird größer und einflußreicher.
- Computer werden uns geistige Arbeit in ähnlichem Umfang abnehmen, wie es mechanische Maschinen bei der körperlichen Arbeit getan haben.

- Informationstechnologie wird sich in alle Winkel der Erde verbreiten.
- Die Geräte der Informationstechnologie werden immer kleiner. Jeder kann sie mit sich tragen.
- Informationstechnologie wird in unsere Körper eingepflanzt werden.
- Informationstechnologie wird immer billiger – wird möglicherweise gratis abgegeben, da Firmen so für andere Produkte werben können.
- Ein großer Teil der Informationstechnologie, wenn nicht die gesamte, wird sich als Enttäuschung herausstellen.
- Viele Menschen werden den rapiden Produktwandel nicht mitmachen und alte Geräte weiterbenutzen.
- Der Aktionsraum der Menschen umfaßt den gesamten Erdball.
- Eine Welt-Kultur zwingt alle Menschen zusammen.
- Viele Weltkulturen und Sprachen gehen unter.
- Neue Kulturformen und Sprachen werden von Special Interest groups geschaffen.
- Das Tempo des technologischen, gesellschaftlichen und kulturellen Wandels steigt. Das birgt Überraschungen und Gefahren.
- Die weltweit gespannte Informationstechnologie zieht Zeit und Kraft des einzelnen von Menschen und Ereignissen in seiner direkten Umgebung ab.
- Dörfer und heutige Urlaubsgebiete werden überbevölkert, weil Menschen per Computer von dort aus arbeiten.
- Bürotürme – entstanden aus dem Willen von Geschäftsleuten, möglichst viele Menschen möglichst nahe zusammenzuführen, um Kommunikationskosten zu sparen – werden unnötig.
- Die Informationstechnologie schafft »intelligente Häuser«, die komfortabler, sicherer und ökonomischer sind als Häuser heute.
- Diese Häuser sind für viele so attraktiv, daß sie sie nicht mehr verlassen möchten. Eine neue Einsiedelei zeichnet sich ab.

- Gemeinden werden stärker nach ethnischen und Life-Style-Prinzipien organisiert, da viele Menschen von zu Hause aus arbeiten und der interkulturelle Sog der heutigen Arbeitsplätze schwindet.
- Die Medien desozialisieren die Menschen und machen sie anfälliger für antisoziales und kriminelles Verhalten.
- Die Informationstechnologie läßt die schulische Erziehung bereits im Krippenalter beginnen.
- Virtuelle Realitäten ersetzen zunehmend die direkte Erfahrung.
- Ausbildungs-Inhalte kommen »vorgefertigt und abgepackt" per Computer ins Haus.
- Der Vorrat an gespeichertem Wissen läßt die Frage akut werden, was die jungen Menschen überhaupt noch lernen sollen.
- Schulklassen vereinen Schüler mit stark unterschiedlichen Fähigkeiten und Interessen.
- Für Lernende sind Lernhilfen auf allen Gebieten abrufbar.
- Bereits Schülern und Studenten steht praktisch das gesamte Menschheitswissen für ihre eigenen Arbeiten zur Verfügung.
- Schüler und Studenten erreichen Bildungsabschlüsse nach ihrem persönlichen Tempo.
- Es wird weltweite Fernuniversitäten geben.
- Lehrer werden weiterhin gebraucht: um in die Informationstechnologie einzuweisen, Schüler bei der Arbeit zu halten und destruktive oder spielerische Neigungen zu kontrollieren.
- Eine Art Schulpflicht könnte es im Sinne des Life-long-learning auch für Erwachsene geben.
- Behinderte Menschen profitieren vermutlich am meisten von der Informationstechnologie.
- Viele Beschäftigte werden durch die Informationstechnologie ihre Arbeit verlieren – menschliches Strandgut in der Cyber-Welt.
- Andauernde Massenarbeitslosigkeit ist wahrscheinlich – obwohl es immer Arbeit geben wird (nur wird sie nicht bezahlt werden).
- Roboter werden weitere Menschengruppen arbeitslos machen.

- Arbeitsplätze werden immer extremer spezialisert.
- Wissen und Fähigkeiten veralten in schnellem Tempo.
- Die Informationstechnologie wird auch kreative Jobs ausfüllen. Heute schon gibt es Computer, die aufgrund weniger eingespeister Fakten Zeitungsberichte schreiben.
- Unternehmer wird der wichtigste Beruf der Zukunft sein.
- Die weltweite Produktivität steigt rapide an.
- Der allgemeine Anstieg der industriellen Produktivität kann die Ressourcen der Welt erschöpfen.
- Autos der Zukunft lenken sich selbst.
- In diesen Autos können komplette Büroeinrichtungen zur Verfügung stehen.
- Der durchschnittliche Lebensstandard wächst weltweit.
- Reiche werden unglaublich reicher, aber die Armen bleiben so arm wie in den vergangenen Jahrhunderten.
- Die steigende Produktivität gibt die Möglichkeit, alle Armen zu versorgen. Informationstechnologie wird Armut in der Welt öffentlich machen, versteckte Armut gehört der Vergangenheit an.
- Die Kluft zwischen Technologie-Wissenden und Technologie-Unwissenden wächst.
- Unternehmen und Organisationen werden die private Nutzung der Informationstechnologie durch ihre Mitarbeiter stark kontrollieren.
- Unternehmen werden versuchen, Märkte einzelner Nationen zu monopolisieren und internationale Konkurrenz herauszuhalten.
- Die Informationstechnologie wird Hierarchien in Unternehmen und Organisationen abbauen. Weitgehend überflüssig: das Mittelmanagement, das Information nach oben filtert. Bald kann jeder der Unternehmensleitung ein e-mail schicken.
- Cyber-Märkte schaffen direkten Kontakt zwischen Herstellern und Kunden. Handelsunternehmen werden zunehmend überflüssig.
- Die Geschäftswelt wird aber noch lange brauchen, um sich die

Informationstechnologie anzupassen. Chancen haben hier nicht nur die Großunternehmen, sondern auch viele Einzel-Kreative.

- Viele Menschen werden die reale Realität verlassen und ganz oder überwiegend in virtuellen Welten leben.
- Glücksspiele mit Hilfe der Informationstechnologie werden ein großes soziales Problem werden.
- Die Informationstechnologie ersetzt Service-Personal in Unternehmen und Behörden. Auskünfte holt jeder Mensch sich selbst per Computer, wann er sie braucht.
- Für die meisten Informationen über das Internet werden Gebühren erhoben.
- Die wichtigste Geldquelle wird das Know-how sein, wie man die Aufmerksamkeit von möglichst vielen Menschen weckt.
- Filme können vom Zuschauer abgewandelt werden.
- Copyrights werden so oft verletzt, daß hier sogar Kriege wahrscheinlich werden.
- Die Daten-Highways entstehen in Privatinitiative. Regierungen werden für die Zukunftsgestaltung uninteressanter.
- Regierungen werden nur sehr beschränkte Kontrolle über den Verkehr auf den Daten-Highways haben.
- Information über Gesetze, Vorschriften, Regierungs- und Parteiprogramme oder politische Kandidaten sind über Datenwege jedermann jederzeit zugänglich.
- Die Informationstechnologie stärkt den Einfluß der Bevölkerung auf Regierungsentscheidungen – zum Beispiel über Meinungsbefragungen.
- Die Informationstechnologie verhindert, daß Regierungen ihre Länder zum »Tal der Ahnungslosen« machen können.
- Politiker und Dissidenten werden die Informationstechnologie zunehmend zur Information und zur Desinformation nutzen.
- Politische Entscheidungen werden – ähnlich wie Entscheidungen auf den Finanzmärkten – zunehmend an Computer »delegiert«, weil Menschen die Informationen nicht mehr überblicken.

- Informationstechnologie wird von entscheidender Bedeutung vor Gericht. Es wird virtuelle Gerichtssäle geben.
- Die rechtlichen Implikationen der Informationstechnologie werden Juristen auf Jahre beschäftigen.
- Besitzgegenstände werden elektronisch gesichert und können bei Diebstahl leicht gefunden werden.
- Cyber-Sex wird Mode. Eine Variante sind Cyber-Dildos: Räumlich voneinander getrennte Menschen tragen Spezialanzüge und können sich gegenseitig mit Hilfe der Datenübertragung körperlich manipulieren.
- Die neue Informationstechnologie macht die Menschen zunehmend egozentrisch und selbstsüchtig.
- Cyber-Friedhöfe – für Menschen und Haustiere – schaffen virtuellen Kontakt mit den Toten, auch mit verlorenem Besitz.
- Die Anonymität im Internet läßt viele Menschen »aus sich herauskommen” – zum Guten wie zum Schlechten.
- Menschen werden viel von der Fähigkeit, rational zu denken und vernünftige Entscheidungen zu treffen, einbüßen.
- Menschen werden sich selbst über Informationsmedien so sehen, wie sie von anderen gesehen werden: als Objekte.
- Beziehungen zwischen Menschen werden immer unstabiler.
- Die Informationstechnologie macht jeden Menschen jederzeit an jedem Ort erreichbar.
- Die Informationstechnologie fördert einen körperlich inaktiven, also ungesunden Lebensstil.
- Auch Alltagsentscheidungen werden über Computer getroffen – etwa, was man ißt oder welches Restaurant man besuchen will.

Emotionale Intelligenz:
die Intelligenz des Kommunikations-Zeitalters

Die Informationsgesellschaft zeichnet sich also nicht dadurch aus, daß wir alle sehr viel mehr wissen, sondern eher im Gegenteil: Wir wissen immer weniger, können aber immer mehr Wissen abrufen. Traditionelle Vorstellungen von Intelligenz aber gehen von dem aus, was der Mensch an Wissen und an Denkfähigkei-

ten in sich trägt. Schon diese Überlegung zeigt, daß unser intellektueller Apparat nicht mehr mit Schulstoff und anderem Wissen belastet werden muß, sondern mit anderen Fähigkeiten.
Mit welchen? Lesen Sie dazu einige Führungsprofile. Welche Art von Mitarbeiter, welche Art von Führungskraft wird in Zukunft gebraucht?

Vorgesetzen-Beurteilung nach *Emotionaler Intelligenz*
Etwa 20 Prozent der Führungskräfte der Lufthansa haben sich innerhalb eines Jahres freiwillig von ihren Mitarbeitern nach ihren Führungsqualitäten beurteilen lassen. In dem Bewertungs-Fragebogen werden 14 Punkte berücksichtigt. Hoher IQ taucht nicht auf, hingegen sind Themen der *Emotionalen Intelligenz* stark gefragt:

- Unternehmerisch denken und handeln
- Verhalten gegenüber Kunden
- Zusammenarbeit
- Mitarbeiter richtig einsetzen
- Mitarbeiter loben und korrigieren
- Leistungen und Ideen fordern
- Ratschläge annehmen
- Dialoge führen
- Entscheidungen treffen
- Mitarbeiter fördern
- Soziale Verantwortung tragen
- mit Sachwerten sorgfältig umgehen und für Sicherheit sorgen
- Arbeitsplanung.

Eingeführt wurde dieses System des Feedback für Manager, nachdem die Lufthansa von 1987 bis 1989 einen Prozeß zur Corporate Identity durchlaufen und 1990 eine Unternehmensphilosophie mit der Bezeichnung »Total Quality Management« adoptiert hatte.
Die Anregung direkt kam vom Ressort »Technik«, in dem eine Qualitätsgruppe ein Verfahren zur Messung und Verbesserung von Führungsverhalten gewünscht hatte.

In Unternehmen wie BMW, Karstadt, ABB, BASF, TÜV oder der Stadtsparkasse Köln wird ebenfalls mit einem vergleichbaren Beurteilungsinstrument für Führungskräfte gearbeitet.

Unternehmer der Zukunft durch *Emotionale Intelligenz*

Aber nicht nur die Führungskräfte werden aus dem Bereich kommen, der durch *Emotionale Intelligenz* geprägt ist, sondern auch die Unternehmer der Zukunft. Das jedenfalls glaubt Prof. Dr. Erich Staudt, Vorstandvorsitzender des Instituts für Angewandte Innovationsforschung an der Ruhr-Universität Bochum. Staudt sieht das Reservoir der neuen Unternehmer nur »sehr begrenzt bei Unternehmer- oder Bessere-Leute-Söhnen, die Business-Schools besuchen", sondern in den Kreisen, die heute bereits starken Existenzdruck spüren:

- Ausländer der zweiten und dritten Generation, bei denen erhebliche Begabungsreserven zur Anwendung drängen.
- Frührentner, die sich noch nicht zum alten Eisen zählen lassen wollen.
- Arbeitslose hochqualifizierte Jugendliche, die nicht resignieren.
- Frauen, die nach hoher Selbständigkeit bei der Kindererziehung beim zweiten Berufseintritt nicht ins dritte Glied zurücktreten wollen.
- und auch in Großorganisationen, die rechtzeitig der Schrumpfung und Rationalisierung entgehen wollen.

Staudt: »Die Schattenwirtschaft wird zu einem der wichtigsten Reservoire für Unternehmer der kommenden Generation. Und die meisten Handwerker werden bei allem Protest gegen Schwarzarbeiter zugeben, daß auch sie in ihrer Gründungsphase selbst durch eine solche Grauzone gegangen sind.«

Wie die Wirtschaft uns heute zu *Emotionaler Intelligenz zwingt*

Wie die Lage in der normalen Wirtschaft heute ist, hat der Berufsverband Deutscher Psychologen dokumentiert. In einer Untersuchung von Prof. Winfried Panse, Fachhochschule Köln, an 1200 Arbeitnehmern aller Hierarchie-Ebenen zeigte sich:

- 92,8 Prozent haben Angst um ihren Arbeitsplatz
- 83,9 Prozent wünschen sich ihren Vorgesetzten hilfsbereiter, ehrlicher und offener
- 63,7 Prozent fühlen sich überfordert
- 45,6 Prozent befürchten Schwierigkeiten am Arbeitsplatz durch Gesundheitprobleme
- 39,4 Prozent befürchten, daß ein Kollege ihren Arbeitsplatz bedroht
- 38,9 Prozent haben Angst vor Problemen im Betrieb aufgrund ihres Alters.

Der Sprecher des Psychologenverbandes, Werner Gross, warnt zugleich vor neuen Management-Konzepten:
Das vielgepriesene Lean-Management würde oft »als Waffe gegen die Mitarbeiter eingesetzt« und diene oft »nur als theoretische Unterfütterung, um Entlassungen durchzusetzen«. Zum Desaster, so Gross, kann es werden, wenn Abteilungen nicht mehr nur schlank, sondern magersüchtig besetzt werden.
Von Mitarbeitern wird dann verlangt, zugleich hochflexibel, aber auch stark belastbar zu sein – Anforderungen, die viele Menschen nicht erfüllen können, weshalb der Psychologe Gert Marstedt von der Universität Bremen von einem »Management-By-Stress« spricht. Marstedt hat drei Belastungssyndrome in »schlanken« bzw. »magersüchtigen« Betrieben beschrieben:

1. Das Flexibilität-Syndrom: Ständig flexibel auf wechselnde Anforderungen reagieren zu müssen, führt zu inhaltlicher Überforderung und sozialer Isolation.
2. Das Just-in-time-Syndrom: Penibel einzuhaltende Termine führen zu Hektik, wechselseitiger Kontrolle und psychosozialem Leistungsstress in Arbeitsgruppen.
3. Das Qualitäts-Sydrom: Arbeitnehmern wird im Sinne des hochgepriesenen »Total Quality Management« (TQM) die Verantwortung für die Qualität ihrer Arbeitsergebnisse übertragen, ihnen wird aber der dazu nötige Einfluß auf die Arbeitsbedingungen nur mangelhaft gewährt.

Einer Bewertung der neuen Management-Techniken durch 6000 Personen, die von der Angestelltenkammer Bremen detailliert über ihre Gesundheit und Lebensqualität befragt wurden, ergab:

- 67 Prozent klagen über die Zunahme des Arbeitstempos
- 58 Prozent über mehr Leistungsdruck
- 56 Prozent über Belastungssteigerung durch EDV und neue Techniken.
- 50 Prozent über höhere Weiterbildungsanforderungen
- 39 Prozent über erhöhte Arbeitsplatzrisiken.

Positive Einschätzungen der neuen Management-Techniken:

- 33 Prozent begrüßen selbständigere und verantwortlichere Arbeit
- 22 Prozent geringere Gefahren des beruflichen Abstiegs
- 19 Prozent häufigere Gruppen- und Teamarbeit
- 14 Prozent höheres menschliches Interesse.

Karriere-Anforderungen für das Jahr 2 000:
***Emotionale Intelligenz* steht ganz oben**

Als Karriere-Anforderungen für das Jahr 2 000 und darüber hinaus nennt der Verband – oft in kritisch-ironischer Weise – ebenfalls Fähigkeiten aus dem Bereich der *Emotionalen Intelligenz*. Unter anderen:

- Motivation: nach oben wollen
- Selbstbewußtsein: von sich überzeugt sein
- Vision: Sinn und möglichst konkrete Ziele suchen und finden
- Energie: Power statt sozialer Einstellungen
- Entscheidungssicherheit: Klarheit und Durchsetzungsvermögen entwickeln
- Stressmanagement: Arbeitsdruck und Niederlagen positiv bewältigen
- Flexibilität: multifunktional einsetzbar sein
- Kreativität: immer für neue Lösungen offen sein
- Soziale Fertigkeiten: sich einfügen
- Konfliktfähigkeiten: fair fighten
- Intelligenz und Pragmatismus: Kenntnis von Unternehmen und Markt

- Mobilität: Ortswechsel akzeptieren und oft unterwegs sein
- Loyalität: die Fähigkeit zu entwickeln, sich gebrauchen zu lassen, ohne daran kaputt zu gehen.
- Illoyalität: die Fähigkeit zu entwickeln, im richtigen Moment zu gehen (»Job-surfing«).

Unser Bildungssystem bildet am Bedarf vorbei – das zeigen diese Studien (die durch eine unbegrenzte Zahl anderer ergänzt werden können). Wer das einst vielgepriesene deutsche Ausbildungssystem durchlaufen hat, ist persönlich nicht gut auf die Herausforderungen der Arbeitswelt der Zukunft vorbereitet.
Nicht schlimm – hatte man lange gedacht, es gibt ja Fortbildung, Weiterbildung, Trainer und Berater. Was an E*motionaler Intelligenz* fehlt, kann man immer noch erwerben, wenn man erst einmal unter reichlich Gebrauch der Ellenbogen Karriere gemacht hat. Diese Einstellung allerdings hält der amerikanische Psychologe Dr. Richard Farson für eine Einbildung. Und Farson weiß, wovon er spricht, denn er hat selbst 30 Jahre als CEO (Chief Executive Officer, also: Top Manager) an der Spitze von Unternehmen und Organisationen gearbeitet.
Farson hat einen Verhaltenskatalog für Führungskräfte aufgestellt, der zum Beispiel auch für Eltern (»Führungskräfte in der Familie«) gilt und die Weisheit vieler Psycho-Techniken, die in Management-Trainings vermittelt werden, in Frage stellt. Farson: Die Tips funktionieren nicht, weil sie von einer rational erfaßbaren Welt ausgehen, während die Realität immer paradox und absurd ist. Auszüge aus Farsons »Zehn Gebote für Führungskräfte«:

- Wichtig ist, wer wir sind – nicht was wir tun. Die Persönlichkeit zählt, nicht die noch so gut gemeinten Maßnahmen. Alle Abhängigen – Eltern-Abhängige genauso wie Lohn-Abhängige – entwickeln sich nach dem persönlichen Vorbild der Führungsfiguren (»seelisch kalte Eltern haben in der Regel auch seelisch unterkühlte Kinder«). In Führungspositionen kann man – mit oder ohne Psycho-Techniken – niemals alles richtig machen. Wenn der Wolf Kreide gefressen hat, reagieren die Menschen immer noch auf den Wolf und nicht auf die Kreide.

- Menschen sind zu uns, wie wir zu ihnen. Wen man nicht mag, der wird einen letzten Endes auch nicht mögen – gleich wieviel Psycho-Technik man für den Umgang mit ihm einsetzt.
- Lob motiviert nicht. Wer lobt, begibt sich in die Pose dessen, der andere beurteilen darf. Lob schafft Distanz und nicht etwa Teamgeist.
- Kommunikation löst nicht alle Probleme. Die oft gepriesene offene Kommunikation hat ihre Grenzen, wo es große Statusunterschiede gibt. Weder von unten nach oben noch in Gegenrichtung löst Offenheit alle Probleme.
- Wer Veränderung wünscht, sollte keinen Rat geben. Statt dessen: Zuhören, den anderen reden lassen – was ungleich schwerer ist als selbst zu reden.
- Planen nutzt für die Zukunft wenig. Sinn von Zukunftsplänen ist, die Gegenwart besser zu verstehen.
- Es ist wichtiger, die Rahmenbedingungen der Arbeit zu ändern als Menschen zu ändern. Ein gut organisiertes Arbeitsumfeld erzeugt von sich aus, was Motivationsprogramme meist nicht schaffen. Die Situation, in der wir leben und arbeiten, hat einen starken Einfluß (»niemand raucht in der Kirche«).
- Es ist wichtiger, die Menschen zu lieben als von ihnen geliebt zu werden. Durch Einsatz von Psycho-Techniken steigert niemand seine Beliebtheit.

Die Arbeitswelt ist bereits »multi-kulturell«. *Emotionale Intelligenz* ist die Intelligenz der »multi-kulturellen«Arbeitswelt

Wie wichtig *Emotionale Intelligenz* ist, zeigt sich ebenfalls an der Tatsache, daß die Arbeitswelt bereits »multi-kulturell« ist. Daß diese Entwicklung sich noch verstärken wird, ist einer der wenigen sicheren Trends in der heutigen Arbeitswelt, sagt Dr. Philip R. Harris, einer der führenden amerikanischen Management-Psychologen.

Harris belegt dies in einem neuen Buch mit folgenden Zahlen und Beobachtungen:

- Nur 10 Prozent der 191 Nationen dieser Erde sind ethnisch homogen.
- In den USA wird der Prozentsatz der weißen Bevölkerung von heute 75 auf 60 im Jahre 2003 zurückgehen, in Kalifornien wird es bereits in den nächsten Jahren eine nicht-weiße Bevölkerungsmehrheit geben.
- Das Leben in einem fremden Land verwischt nicht etwa nur alte ethnische Prägungen, sondern erzeugt zugleich neues Interesse an der ethnischen Identität, an religiösen Wurzeln und an der traditionellen Herkunft. »Multi-kulturell« heißt nach Worten eines Managers des international operierenden Computerherstellers Digital Equipment nicht, »daß wir farbenblind werden, sondern daß wir Farben erkennen«.
- Hinzu kommt, daß ethnische Minoritäten – auch wenn an jedem Ort dieser Welt in der Minderheit – gleichwohl ein internationales Netzwerk bilden und so einen großen Einfluß auf die Weltwirtschaft und den Welthandel bekommen können. Auch die Vorposten von amerikanischen, japanischen oder deutschen Unternehmen im Ausland müssen in dieser Weise als ethnische Minoritäten innerhalb eines internationalen ethnischen Netzwerkes angesehen werden.

Die Vielfalt der Arbeitswelt wird auch durch »Sub-Kulturen« angereichert:
Für viele Menschen ist der 9-bis-17-Uhr-Rhythmus nicht mehr die Regel. Es gibt flexible Arbeitszeiten, Teilzeit-Anstellungen, Zeitverträge oder Freiberufler, die gleichwohl fest in eine Unternehmensstruktur eingebunden sind. Sie bilden eigene Sub-Kulturen,denn sie haben unterschiedliche berufliche und private Interessen, denen Unternehmen Rechnung tragen müssen – auch den Bedürfnissen von Frauen, die in den USA im Jahr 2005 mehr als 60 Prozent der »work force« stellen werden.
Internationale Unternehmen werden immer stärker regional verankert, was den Einfluß verschiedener Kulturen stärkt:

- Der Schwedisch-Schweizer Konzern ABB ist zum Beispiel, so Harris, in weltweit 1300 unabhängige Unternehmen aufgeteilt worden mit mehr als 5000 selbständigen Profitcenters.
- Der im Weltmarkt erfolgreiche Sportartikelhersteller Nike unterhält in den USA nur eine Kernmannschaft und betreibt ein weltweites Netzwerk von Kontrakt-Unternehmen.
- Ein kleines amerikanisches Unternehmen, das Büroscanner herstellt (Visioneer) und Kunden in der gesamten Welt hat, beschäftigt nur noch sechs Angestellte und hat überhaupt kein Büro. Es operiert von einem virtuellen Büro aus und nutzt mit einer Vielzahl von assoziierten Beschäftigten die neuen Kommunikationstechnologien.

Emotionale Intelligenz als »Kernfähigkeit« der neuen Lehrpläne

Harris nennt 14 Voraussetzungen für Berufserfolg in der Zukunft:

1. Flexibel und anpassungsfähig sein.
2. Volle Verantwortung für die eigene Aufgabe übernehmen, daraus erst wird Arbeit zu einer Quelle der Zufriedenheit.
3. Sich persönlich im selben Tempo entwickeln wie die Erfordernisse des Arbeitsmarktes.
4. Unsicherheit und Vieldeutigkeit akzeptieren lernen – Veränderung ist das einzige, was sicher ist.
5. Persönliche Verantwortung übernehmen; sich so verhalten, als ob man selbst Unternehmer wäre.
6. Lebenslange Weiterbildung.
7. Sich persönlich für Arbeitsergebnisse der Gruppe verantwortlich fühlen.
8. Sicherstellen, daß durch die eigene Arbeit ein Wert entsteht, der deutlich oberhalb der eigenen Arbeitsplatzkosten liegt.
9. Sich selbst als »Servicecenter« ansehen (Kunden sind die beste Arbeitsplatzgarantie).
10. Die eigene Arbeitsmoral ständig verbessern.
11. Die eigenen Arbeitsergebnisse ständig verbessern.

12. Kein Problem-Erkenner, sondern ein Problem-Löser sein, sich Probleme des Unternehmens zu eigen machen.
13. Erwartungen an andere reduzieren und auf eigene Kraft vertrauen.
14. Offenheit gegenüber Unterschieden zwischen den Menschen – gleich aus welcher Kultur oder Sub-Kultur sie stammen.

Dies sind nun keine Orchideenblüten irgendwelcher Management-Berater. Es sind nüchterne Kataloge der Kernfähigkeiten für eine Arbeitswelt, die sich rapide verändert:
Schüler, die Lernstoff passiv wie ein Schwamm absorbieren, sind einmal der Wunsch der Pädagogen gewesen. Heute treten andere Schülereigenschaften in den Vordergrund, Problemlösungs-Fähigkeiten und die Bereitschaft, sich persönlich weiterzuentwickeln zum Beispiel.
Dies schlägt sich beim Aufstellen von Lehrplänen in Katalogen von Kernfähigkeiten nieder, die in den letzten Jahren für die schulische Ausbildung erarbeitet worden sind. Der englische Pädagoge John Tribe von der Brunel University hat diese Pläne verglichen und kommt zu folgender Rangordnung von Kernfähigkeiten:

- Als wichtigste Vorbereitung auf die Anforderungen der Arbeitswelt wird der Erwerb kommunikativer Fähigkeiten angesehen, danach folgen
- mathematische Fähigkeiten
- Teamarbeit
- Problemlösungs-Fähigkeiten und die
- Anwendung von Technologien
- Gesellschaftliches, wirtschaftliches und industrielles Verständnis
- Werthaltungen und persönliche Integrität
- Design und Kreativität und
- die Fähigkeit, angemessen auf Veränderungen zu reagieren.

Fremdsprachen stehen weiter unten auf der Liste, die die Ausbildung für die Arbeitswelt von morgen garantieren soll – vermutlich weil Engländer weltweit mit ihrer Muttersprache, dem »Sanskrit der industriellen Welt« zumeist durchkommen. (EDUCATIONAL REVIEW 1/96)

Emotionale Intelligenz: die Intelligenz der Post-Moderne

Emotionale Intelligenz ist eine Lebenshaltung, die für die Postmoderne Gesellschaft, die Kommunikations-Gesellschaft, die Dienstleistungs-Gesellschaft von Bedeutung ist. Es geht heute nicht mehr wesentlich darum, bedeutende Entdeckungen zu machen, wissenschaftliche Großtaten zu vollbringen, sondern das, was ist, zu verkaufen, an den Mann und an die Frau zu bringen. Es ist, wenn Sie so wollen, eine »Vertreter-Mentalität«. Wer anderen etwas verkaufen will, darf sich durch Ablehnung nicht erschüttern lassen, muß gleichbleibend freundlich und ausgeglichen erscheinen – nicht zu euphorisch und schon gar nicht mißmutig. Dazu darf man nicht allzu »emotional« sein, muß hier sein eigenes Gefühlsleben managen, um sich um so stärker auf den anderen Menschen konzentrieren zu können.

Stewardessen und Kundenberater haben *Emotionale Intelligenz*. Viele andere Berufe sollten sie haben: Manager zum Beispiel.

Verkaufen galt früher als »anrüchig«. Heute besteht die Wirtschaft weitestgehend aus diesem Talent. Ob ein BMW besser ist als ein Opel, ein Lacome-Parfum besser als ein Hermes, ein Siemens-Eisschrank besser als einer von Linde – und Sie können hier tausend Beispiele einsetzen (ist Esso-Benzin besser als Aral-Benzin?) – wer will dies noch entscheiden können?

Wissen kann man sich kaufen (siehe die Aufzählung der World Future Society auf Seite 201). Es geht nicht um Sozialtechniken, um Tricks im Umgang mit anderen Menschen. Es geht um Verhaltensweisen, die in einer zunehmend multi-kulturellen Welt lebenswichtig werden. Es geht bei der *Emotionalen Intelligenz* um

- erfolgreiches Selbst-Management
- gute und erfolgreiche Beziehungen zu anderen Menschen.

Es geht nicht um immer mehr Anhäufung von Wissen und Bildung, sondern um – mit einem guten alten Wort gesagt – mehr Herzensbildung.